大学生创新创业能力培养研究

刘智婷　田丽君　周文梁　著

云南美术出版社

图书在版编目(CIP)数据

大学生创新创业能力培养研究 / 刘智婷,田丽君,周文梁著. 一昆明:云南美术出版社,2023.11

ISBN 978-7-5489-5496-5

Ⅰ.①大… Ⅱ.①刘… ②田… ③周… Ⅲ.①大学生-创业-能力培养-研究 Ⅳ.①G647.38

中国国家版本馆 CIP 数据核字(2023)第 210088 号

责任编辑: 洪 娜
责任校对: 梁 媛 李 平 黎 琳
装帧设计: 张田田
封面设计: 寓 羽

大学生创新创业能力培养研究

刘智婷 田丽君 周文梁 著

出版发行: 云南美术出版社(昆明市环城西路 609 号)
制版印刷: 昆明德厚印刷包装有限公司
开 本: 787mm×1092mm 1/16
印 张: 6.25
字 数: 250 千字
版 次: 2023 年 11 月第 1 版
印 次: 2023 年 11 月第 1 次印刷
书 号: ISBN 978-7-5489-5496-5
定 价: 45.00 元

前　言

随着社会的发展，创新创业已成为推动国家发展的重要力量。大学生是社会中最具活力和创造力的群体，他们拥有丰富的知识储备和创新思维，是未来创新创业的中坚力量。大学生创新创业能力的培养不仅能够帮助他们更好地适应社会的发展需求，还能够提高他们的就业竞争力和创业成功率。因此，大学生创新创业能力的培养已经成为高校教育的一项重要任务。

本书从大学生创新创业的基础知识入手，介绍了大学生的创新思维与创新方法，并在此基础上对大学生的创新能力培养、创业能力培养进行深入探讨，最后对大学生创业准备与团队构建、大学生创新创业实践进行系统的分析与研究。希望通过本书的介绍，能够为读者在大学生创新创业能力培养方面提供帮助。

在本书的写作过程中，笔者参阅了相关文献资料，在此，谨向相关文献的作者深表谢忱。

笔者水平有限，若有疏漏，还请广大读者批评指正。

作　者

2022 年 9 月

目　录

第一章 大学生创新创业概述

第一节 大学生创新概述

一、大学生创新的概念

（一）创新的定义

创新是当今十分热门的话题之一，它不仅仅与科技和商业有关，也与教育和人才培养息息相关。

从传统的角度来看，创新可以被理解为通过引入新的思想、观念或方法，以求得不同的结果或解决问题的能力。这种定义强调将创新作为一种手段，通过创新思维和行动，人们可以在实践中寻求新的突破，创造出更好的产品、服务或解决方案。

在当前的时代背景下，创新可以被看作是利用现有的知识和资源，创造出新的、有价值的东西或改进现有的东西的过程。这种定义突出了创新与知识、技术和市场的紧密联系，强调了在不同领域中应用创新来推动社会进步和经济发展的重要性。

（二）大学生创新的定义

作为一个关键的社会群体，大学生在推动社会进步和创新发展中具有重要作用。大学生创新的定义可以从多个角度进行阐述。

其一，大学生创新可以被视为一种独立思考和创造的能力，他们通过对现有问题的重新思考，或者提出新颖的想法，为社会带来新的解决方案和创新成果。

其二，大学生创新还包括一种对新鲜事物的接纳和积极探索的态度，他们对未知领域的尝试和挑战使得他们能够拓宽自身的知识边界，并不断寻求新的想法和创新机会。

其三，要理解大学生创新的定义，还需要考虑到其与传统创新的区别。相比于专业领域的创新，大学生创新更强调跨学科的合作和综合能力的发展。大学生创新的定义还体现在他们对问题的应对方式上，他们具有更多灵活和开放的思维方式，能够更好地应对快速变化的社会环境和复杂的问题。

其四，大学生创新也与大学生对未来的洞察力及其创造力有关。在大学生创新的过程中，他们不仅注重解决当前问题，更关注未来的发展趋势和需求。通过对趋势的把握和前瞻性的思考，他们能够提前预测并解决可能出现的问题，为未来社会的创新发展奠定基础。

大学生创新培养则是从教育和人才培养的角度进行思考。大学生创新培养可以被看作是培养学生独立思考和解决问题的能力，激发学生发现问题、提出问题和解决问题的创新性思维和行动的过程。大学生创新培养强调了培养学生创新意识、培养学生的问题解决能力和实践能力的重要性。

（三）大学生创新的类型

大学生创新的类型可以从不同的角度进行分类，帮助我们更好地理解大学生创新的本质和特点。下面将介绍几种常见的创新类型。

1. 技术创新

这种创新类型主要关注技术方面的进步和发展。通过从技术层面上进行改进和突破，大学生可以推动科学技术的进步，为社会带来更多的创新成果。在这种类型的创新中，大学生可以通过研究新的材料、开发新的工具或者改进现有的技术方法等方式来实现创新。

2. 商业创新

商业创新是指在商业领域中进行的创新活动。大学生可以通过开发新的产品或者服务，改变传统的商业模式，创造出新的商业机会。这种创新类型不仅要求大学生具备创造性的思维和行动，还需要对市场需求有深入的洞察和理解。

3. 社会创新

社会创新关注的是解决社会问题和提升社会福祉。大学生可以通过创新的社会项目、社会组织等，为社会带来积极的影响。社会创新类型的创新活动通常需要与不同背景的人合作，共同解决现实问题，具有较高的社会意义和影响力。

4. 文化创新

文化创新强调的是对传统文化的再创造和再表达。大学生可以通过创新的方式，传承和发扬传统文化，加入现代元素，让传统文化与时俱进。这种类型的创新活动对大学生来说是一种宝贵的机会，不仅可以展示个人才华，也能为传统文化的传承和发展做出贡献。

二、大学生创新的特点

（一）独特的创新思维

大学生创新思维具有独特性，这是指与其他人群相比，大学生在创新过程中表现出的思维方式和特点。

1. 具有开放和包容的态度

大学生们往往愿意接受新事物，敢于打破传统的束缚，勇于尝试不同的方法和观点，以达到创新的目标。与此同时，他们也具有较强的包容性，能够接受他人的意见和想法，从中汲取灵感和思路，为自己的创新工作提供更多的可能性。

2. 有较强的观察力和发现能力

他们对于周围的环境和问题能够保持敏感，并主动发现其中的潜在机遇和挑战。通过观察和分析，他们能够找到问题的关键所在，并提出创新的解决方案。他们习惯于从不同的角度去看待问题，能够发现别人忽视的细节，从而给予问题更多的可能性和解决方法。

3. 勇于质疑和挑战传统观念

他们不满足于现状，乐于思考问题的本质和根源，寻求突破和创新的可能性。他们敢于提出反传统观念的观点，并能够给出有力的论证和证据。这种质疑和挑战传统观念的勇气，为大学生创新提供了更大的空间和自由度，使其能够在创新的道路上不断迈进。

4. 擅长跨学科的融合与创造

他们擅长借鉴和应用其他领域的知识和方法，将不同学科的理念和技术相互融合，以开创新的可能性。在创新的过程中，他们能够将多领域的知识和思维进行有机结合，形成创新的创意和方案。

（二）个性化的创新行为

大学生的个性对创新过程有重要的影响。因为每个人的思维方式、工作习惯和学习风格都有所不同，所以，大学生的创新行为十分多元化和个性化。

1. 探索多样性的创新路径

大学生们可能选择不同的创新路径，运用不同的方法和技巧，去实现自己的创新目标。有些人可能更喜欢基于理论的创新，通过阅读文献、分析理论模型等途径来进行创新研究；而另一些人则更倾向于实践型的创新，通过实地调研、实验室操作等方式来进行创新实践。这种多样性的创新行为反映了大学生的个性化特点，他们能够根据自己的兴趣和优势，选择适合自己的创新路径。

2. 独立地思考

大学生们具有自主思考和独立探索的意愿，往往能够在创新中独立思考问题、寻找解决方案，并坚持自己的观点。他们能够充分发挥自己的创造力和想象力，在解决问题的过程中展现出了独特的见解和想法。这种独立性的创新行为是大学生个性化的重要体现，他们不拘泥于传统的思维模式，敢于冒险尝试新的创新思路。

3. 开放和包容地接受不同知识

他们对新观念、新思路和新技术持开放态度，愿意接受不同领域的知识和经验，将其引入自己的创新过程中。他们善于借鉴、吸收和融合他人的创新成果，形成自己独特的创新风格。这种开放性和包容性的创新行为使得大学生能够更好地利用外部资源，拓宽创新思路，进一步提高创新能力。

（三）多元的创新能力

大学生创新能力的多元性是指大学生在创新过程中所展现出来的多样化能力。作为大学生，他们在创新过程中不仅具备独特的创新思维和个性化的创新行为，更拥有多元化的创新能力。

1. 具有多元的学科背景

大学教育的特点是以学科为基础，培养学生在特定领域的知识和技能。因此，大学生在创新过程中能够运用各自所学的专业知识和技术，提出与自己专业相关的创新方案和解决方案。例如，工科学生可以利用工程技术知识进行产品创新和工艺改进，文科学生可以通过文化表达和批判思维进行文化创新和思想创新。

2. 丰富的兴趣爱好

大学生是一个充满活力和好奇心的群体，他们对于各种领域的事物都充满了兴趣，有着广泛的爱好。在创新过程中，大学生能够运用自己独特的兴趣爱好，创造出与自己喜欢的领域相关的项目和作品。例如，对音乐感兴趣的学生可以通过创作音乐作品和设计音乐应用软件来展示自己的创新能力，对社会问题感兴趣的学生可以通过进行社会调研和发起社会公益项目来展现自己的创新能力。

3. 多样的团队合作方式

大学生创新不仅仅是个体的创新，更需要借助团队的力量进行创新。大学生来自不同的专业和背景，有不同的思维方式和解决问题的角度，因此大学生的团队合作能够汇聚不同的创新能力和思维，创造出更加丰富和全面的创新成果。例如，在大学生创业项目中，一个团队可能由不同专业的学生组成，包括市场营销、产品设计、技术开发等方面的人才，每个人可以根据自己的创新能力和专业特长，为项目的创新提供不同的贡献。

三、大学生创新的原则

（一）实事求是的原则

实事求是是大学生创新中重要的原则之一。它要求大学生在进行创新研究时，首先要立足于实际情况，从实际问题出发，真实地、客观地看待和分析问题。这意味着我们不能凭空臆测，更不能凭主观意愿主观臆断。而应该基于实际情况，通过实地调研、查阅资料、开展实验等方式，收集真实的、可靠的数据和信息，对问题进行准确的把握和深入的分析。

实事求是的原则要求我们在创新实践中勇于接受真实情况的挑战，不怕困难和失败。只有真实地了解和面对当前存在的问题和矛盾，才能找到解决问题的新思路和新方法。同时，实事求是的原则也要求我们在研究成果的呈现上做到真实可信。我们要准确记录实验结果，严格按照实验所得数据进行结果分析，不随意夸大、缩小结果的价值。

实事求是的原则也包含对权威性的尊重。在进行创新研究时，我们不能忽视前人的经验和成果，更不能无视科学理论的基础。要学会借鉴和吸收前人的经验教训，结合自身的创新方式，融入新的时代背景和认知框架，有效地创新地推进问题的解决。

（二）创新与传统相结合的原则

在大学生的创新实践中，创新与传统相结合是一个重要的原则。创新意味着打破传统的束缚，寻找新的思路和方法，而传统则代表着过去积累下来的经验和知识。将创新与传统相结合，可以达到古为今用的效果，充分发挥传统在创新中的指导和支持作用。

1. 有助于保持创新的延续性和可持续性

传统是历史的沉淀，是经过时间考验的成果，具备一定的稳定性和可靠性。通过借鉴和吸收传统的优点和经验，我们可以在创新实践中避免"重复造轮子"，减少不必要的失误和风险。同时，传统也为创新提供了坚实的基础和支撑，使创新的成果更加可靠和持久。

2. 能够弥补创新的不足和缺陷

虽然创新能够带来新的突破和变革，但也难免存在一定的风险和不确定性。而传统的经验和知识能够提供一种参考和支持，帮助我们更好地规避风险。在创新的过程中，结合传统的思维方式和实践方法，可以减少创新中的盲目性，提高创新的成功率和效率。

3. 能够实现创新成果的更好应用

创新往往是为了解决问题或满足需求而进行的，而解决问题和满足需求常常需要考虑到传统的因素和背景。通过结合传统的资源和需求，创新的成果可以更好地融入现有的环境和体系，更容易被接受和使用。在创新的过程中，我们要尊重和理解传统的价值和需求，做到融会贯通、古为今用，才能更好地将创新成果应用于实际生活和社会发展中。

要实现创新与传统的结合，我们需要坚持开放与包容的态度，勇于接受新的思维和方法，同时保持对传统的尊重和理解。只有在传统与创新的结合中，大学生的创新才能展现出更大的活力和潜力，真正实现创新与传统的良性互动、互相促进。

（三）大胆实践的原则

在大学生创新过程中，大胆实践意味着学生需要敢于尝试新的想法和方法，勇于面对挑战并付诸行动。这一原则的核心是勇于跳出传统思维框架，敢于冒险探索未知领域。

大胆实践要求大学生不害怕犯错。在创新过程中，很可能会遇到各种问题和挫折，但这并不意味着失败或者错误。相反，大胆实践鼓励学生从失败中吸取教训，不断改进和调整自己的创新方向。通过实践，大学生可以积累宝贵的经验，提高解决问题的能力。

大胆实践要求大学生打破传统模式，勇于尝试新的理念和方法。创新往往源于对现有问题的反思和质疑，只有勇于打破常规，才能在创新的道路上前进。大学生应该鼓励自己尝试不同的思路和方法，不受限制地探索解决问题的新途径。通过大胆实践，他们可以推动学科和领域的发展，创造出独具特色的成果。

大胆实践要求大学生积极参与实践活动，勇于面对各种挑战。实践是检验创新成果有效性的重要途径，只有经过实践检验，才能真正体现创新的价值。大学生应该主动参加各种实践项目和竞赛，亲身经历真实的创新过程，并通过与实际问题的接触，不断提高自己的能力和见识。

大胆实践的原则要求大学生在创新过程中关注社会和人民群众的需求。创新的价值在于解决现实问题和满足人们的需求，只有将创新与社会需求相结合，才能产生真正有意义的创新成果。大学生在实践中要注重与社会各界的沟通和互动，深入了解问题的本质和人民的需要，以此为指导，开展创新实践。

（四）以人为本的原则

我们应该始终将人的需求和利益放在首位，关注并解决人们的实际问题。大学生创新不是为了追求技术的纯粹性或理论的完美性，而是要以人的需求为导向，努力为社会提供有益的解决方案。

在以人为本的原则下，我们需要更加深入地了解目标用户的需求。通过调研、访谈、观察等方式，我们可以了解到用户关心的问题所在，他们的痛点和难点在哪里。只有深入了解用户需求，我们才能有针对性地进行创新，设计出更加贴合用户需求的产品或服务。

此外，以人为本的原则也要求我们注重用户体验。大学生创新成果不仅要具有实用性和创新性，还要能够为用户带来良好的使用体验。我们需要注重产品的易用性、功能的完善性等方面，确保用户能够轻松使用我们的创新产品，并从中获得实际的收益或改善。

另外，以人为本的原则还需要我们注重创新的社会效益。我们不能只关注个人的兴趣和成就，更应该考虑到创新对社会的影响和贡献。大学生创新应该致力于解决社会问题，推动社会进步。我们可以关注当前社会面临的挑战，寻找解决方案，改善社会的发展环境。

四、大学生创新的重要性与地位

（一）大学生创新对社会的重要性

在当今社会，大学生创新已经成为推动社会进步和发展的重要力量。大学生创新具有多方面的影响。

1. 推动科技和经济的发展

大学生作为具有创新精神和创造力的群体，他们积极参与科研和创新活动，提出了许多独特的创新思路和创意。这些创新思路和创意可以激发科研和创新的潜力，推动科技和经济的发展。大学生在创新实践中，不仅提升了自身专业能力，更为社会经济的创新发展注入了新的动力。

2. 解决社会问题和改善人民生活

大学生创新通过深入研究社会问题，提出创新思考和创新方案，为社会问题的解决提供了新的思路和方法。例如，在环境保护领域，大学生通过创新的科技手段和理念，提出了一系列环保解决方案，从而改善了环境状况，提高了人民的生活质量。

3. 促进社会文化的繁荣和传承

大学生作为社会的新生代，具有与时俱进的意识和开放的思维。他们通过创新活动，引领和推动着社会文化的发展。例如，大学生在音乐、舞蹈、戏剧等领域的创新表演，为社会文化增添了新的元素和活力，推动了文化的传承与创新。

（二）大学生创新对个人发展的重要性

1. 能够培养自主思考和解决问题的能力

创新活动鼓励学生主动思考、提出新点子，寻找解决方案。创新过程中，会锻炼他们分析问题的能力，培养创新思维。

2. 提高个人的实践能力和实际操作技能

在许多创新项目中，学生需要亲自参与实践，设计和制作原型，测试和改进，最终呈现出一项具有实用价值的创新成果。这一过程培养了学生的动手能力和实践操作技能，使他们能够更好地适应未来的职业发展需求。

3. 有助于培养学生的团队协作精神和沟通能力

创新项目通常需要学生团队合作，共同解决问题。在这个过程中，学生需要主动与他人合作、协商和沟通，共同制订计划并分工合作。通过与他人的合作，学生不仅能够互相学习，还能够锻炼团队协作能力。

4. 培养个人的自信心和责任感

创新活动可能会面临各种挑战和困难，以及来自他人的质疑和批评。在这样的环境下，学生需要保持自信，不断克服困难并改进自己的成果。而这种自信心和责任感也将在其他方面产生积极的影响，例如在求职过程中展现自己的实力，工作中勇于承担责任。

（三）大学生创新在教育中的地位

大学生创新能力培养是高等教育的一项重要任务，它是培养创新型人才的有效途径。现代社会对于创新人才的需求越来越迫切，大学作为培养人才的摇篮，必须注重培养学生的创新能力。大学生创新活动则提供了一个实践平台，让学生能够将所学知识应用于实践中，培养他们的创新思维和问题解决能力。通过参与创新活动，学生可以锻炼自己的实践能力，提高解决实际问题的能力，为未来的职业发展打下坚实的基础。

大学生创新活动在教育中具有促进学科交叉与融合的作用。创新活动往往跨越学科边界，涉及多个学科领域。大学生创新活动鼓励学生跨学科进行合作与交流，促进了学科之间的交叉与融合。例如，在解决一个复杂的问题时，可能需要运用数学、物理、化学等多个学科的知识与方法，学生通过创新活动的实践，可以更全面地理解各学科之间的联系与互补，培养出跨学科思考的能力。

此外，大学生创新活动还有助于培养学生的团队合作精神与沟通能力。在现实生活中，很少有创新工作是由个人独立完成的，大部分需要团队合作的支持与配合。通过参与创新活动，学生可以与来自不同成长背景的同伴进行合作，协同努力解决问题。在团队合作的过程中，学生需要充分发挥自己的特长，同时也需要倾听他人的意见和建议，通过交流与协商达成共识。这样的经历使得学生学会倾听与尊重他人，培养了良好的沟通与合作能力。

第二节　大学生创业概述

一、大学生创业的概念

（一）创业的定义

创业是指个人或团体通过发现和追求商业机会、实施创新并承担风险，创建、组织和发展企业的过程。它是一种具有冒险性、创造性和开拓性的行为，旨在实现利润和价值的最大化。

在经济学的视角下，创业被认为是一种资源配置的活动，通过创造和组织资源的有效利用，以创造新的价值和财富。创业者在此过程中主要扮演着创新者、组织者和决策者的角色。

（二）大学生创业的含义

大学生创业是指大学生在完成学业的同时，积极参与商业活动并创办自己的企业。与传统的就业观念不同，大学生创业强调的是自主创业，即通过创新和创造来实现个人的价值和梦想。

大学生创业的含义可以从多个角度进行解读。其一，大学生创业是一种自我实现的方式。创业过程中，大学生通过将自己的想法和才能投入到实践中，从而实现自我价值的最大化。相比而言，传统的就业形式往往会限制个人的成长空间和发展潜力。

其二，大学生创业还是一种创新的表现形式。大学生作为年轻一代，具有较强的学习能力和创新意识，可以通过创业来推动社会的创新和进步。创业者不仅要具备创新思维，还要能够将创新落地实施，实现商业模式的突破和创新。

其三，大学生创业还意味着承担风险和挑战。相比起传统的就业，创业者需要面对各种未知的风险和挑战，包括市场的波动、竞争的加剧以及资金的压力等。正是通过面对这些挑战和风险，大学生才能够迅速成长和提高自己的综合素质。

（三）大学生创业的分类

可以根据不同的标准和角度对大学生创业来进行分类，下面将从几个常见的分类角度对大学生创业进行归纳和总结。

可以根据创业的目的和动机对大学生创业进行分类。从这个角度来看，大学生的创业可以分为经济型创业、改革型创业和社会型创业三类。经济型创业是指大学生出于经济利益的考虑，创办企业以实现财务自由和经济独立为目标。而社会型创业则是指大学生创办企业以解决社会问题和提供社会服务为目标，强调社会责任和公益性。

可以根据创业的行业领域对大学生创业进行分类。根据行业领域的不同,大学生创业可以涉及多个领域,例如科技创业、文化创业、教育创业、农业创业等。科技创业是指大学生借助科技创新和高科技产业来创办企业,致力于科技成果的转化和商业化。文化创业则是指大学生以文化产品和文化服务为主要内容创办企业,传承和发展优秀的文化传统,推动文化创新与创意产业的发展。教育创业则是指大学生创办与教育相关的企业,提供教育培训和教育咨询等服务,为教育事业的发展贡献力量。农业创业则是指大学生以农业生产和农村经济为主要内容创办企业,推动现代农业的发展和农村经济的繁荣。

可以根据创业的模式和方式对大学生创业进行分类。创业的模式和方式多种多样,例如个人创业、合伙创业、团队创业、社会化创业等。个人创业是指大学生独自创办企业,承担所有的创业责任和风险。合伙创业则是指两个或两个以上的大学生共同创办企业,共同分享创业成果和风险。团队创业是指大学生组建创业团队,根据各自的专长和兴趣分工合作,共同创办企业。社会化创业则是指大学生与社会组织、机构合作共同创办企业,通过社会资源的整合和社会支持的融入来实现创业目标。

二、大学生创业的特点

(一) 创新性

大学生创业的特点之一是创新性。创新是指在原有的基础上进行改进或创造全新的理念、产品、服务等。在大学生创业过程中,创新是不可或缺的要素。

创新思维帮助大学生发现新的商机和市场需求。随着科技的不断发展和社会的不断进步,市场需求也在不断变化,只有通过创新,大学生创业者才能捕捉到这些新的商机。

创新帮助大学生创业者打破传统框架和思维模式,开辟新的发展空间。在竞争激烈的市场环境下,只有通过创新,才能在同行业中脱颖而出。

创新是推动社会进步和经济发展的重要力量。大学生创业者的创新成果不仅可以为自己带来经济利益,还可以为社会带来新的就业机会、提供新的产品和服务,推动整个社会的发展。

创新性的大学生创业也面临一定的挑战和困难。其一,创新需要不断地进行尝试和实践,这就要求大学生创业者有较强的学习能力、创造力和解决问题的能力。其二,创新意味着冒险和不确定性。大学生创业者要面对来自市场、技术、竞争等方面的风险,需要有足够的勇气和决心去迎接挑战。其三,创新需要资源的支持。大学生创业者往往面临资金、技术、人力等资源不足的困境,需要寻求合适的支持和合作伙伴来实现创新的目标。

因此，应积极培养大学生创业者的创新思维和能力，鼓励他们不断寻找和创造商机、勇于面对挑战和风险，提醒他们在寻求资源支持的同时，也要不断提升自己的能力和竞争力，为自己的创业之路赋予更多的可能性和成功机会。

（二）风险性

大学生创业中的风险性是不可忽视的一个方面。相比于稳定的就业，创业本身就带有风险，而对于大学生而言，面临的风险更加突出。

第一，大学生创业的资金来源通常相对有限。由于缺乏丰富的个人资本积累和借贷渠道，大学生创业常常面临资金短缺的问题。这使得他们往往只能依靠自身的积蓄、亲友支持或者青年创业基金等有限的资金来源，而每一项投入都要考虑风险与收益的平衡。

第二，大学生创业在经验和知识方面也存在风险。相比于有丰富工作经验的创业者，大学生通常缺乏实践的机会和深入行业的了解。这使得他们在创业过程中面临更多的技术和管理上的不确定性。例如，他们可能会遭遇到供应链管理上的问题、市场营销策略的制定等方面的挑战。然而，正是在不断面对和克服这些风险中，大学生创业者才能够不断成长和积累经验。

第三，大学生创业的风险性也来自于激烈的市场竞争和变化。创业市场的竞争激烈，大学生创业者需要面对众多竞争对手的挑战。同时，市场环境和需求也在不断变化，这对大学生创业者提出了更高的要求。他们需要时刻关注市场动态，灵活调整经营策略，以适应市场变化，同时也要保持创新意识，不断推陈出新。

在面对风险时，大学生创业者需要具备积极乐观的心态和坚韧不拔的品质。他们应当怀揣着创新的心思，敢于思考和实践新的商业模式和理念。同时，他们也应该注重与合作伙伴和导师的沟通和交流，通过借鉴他人的经验和建议，降低风险，提升创业成功的概率。

（三）社会性

在大学生创业的特点中，社会性起着至关重要的作用。大学生创业不仅仅是为了个人利益，更是为社会的发展和进步做贡献。社会性，作为大学生创业的一种重要特点，体现了大学生创业者与社会的紧密联系。

大学生创业的社会性体现在解决社会问题的方面。创业者通过创新的商业模式和创业项目，致力于解决社会上存在的问题，满足人们的需求。他们不仅仅考虑自己的利益，更关注社会的发展和社会问题的解决。例如，一些大学生创业项目致力于提供可持续发展的环保产品，解决环境污染问题；还有一些致力于改善农村教育条件，解决教育资源不平等的问题。这些创业项目的出现，有力地推动了社会问题的解决，提高了人们的生活质量。

大学生创业的社会性还体现在促进就业和经济发展方面。大学生创业不仅仅是为了实现自己的创业梦想，更是为了创造就业机会，带动经济发展。创业者通过自己的努力和创新，开设企业或提供服务，为社会创造了大量的就业机会。他们不仅解决了自己的就业问题，也为他人提供了工作机会。大学生创业的就业带动效应，可以缓解社会的就业压力，促进经济的稳定和发展。

大学生创业的社会性还体现在推动社会创新和进步方面。创业者通过不断的创新和探索，提出新的商业模式、新的产品和服务，推动了社会的创新和进步。他们在创业过程中，关注市场需求，不断改进产品或提供更好的服务，促使社会的发展和进步。例如，一些大学生创业项目致力于利用新技术、新理念解决旧问题，推动行业的转型升级，推动社会的创新和进步。

三、大学生创业的原则

（一）创新原则

大学生创业是一种充满活力和激情的行为，而创新正是这种活力和激情的源泉。因此，大学生创业过程中保持创新是关键。

1. 探索产品或服务的创新

大学生创业者要关注市场的需求，结合自身专业知识和技能，提供具有差异化和竞争力的产品或服务。创新的产品或服务可以满足消费者的需求并获得市场认可。

2. 重视经营模式的创新

大学生创业者可以利用互联网、新兴科技和创新的商业模式，打破传统的经营方式，实现资源的优化配置和价值的最大化。创新经营模式可以为创业者带来更多的机会和成功的可能性。

（二）实践原则

在大学生创业过程中，实践原则被赋予了重要的意义。实践是指通过实际行动来验证和应用创业理念和技能，是将创业想法转化为具体成果的关键环节。以下是针对大学生创业的实践原则的讨论。

1. 坚持实践导向

创业过程是需要不断摸索和试错的阶段，而通过实践才能真正了解市场需求、产品适应性以及商业模式的可行性。实践可以帮助大学生创业者更好地了解自身能力与资源，并且从失败中获取宝贵的教训与经验。

2. 重视实践能力

创业不仅仅是一种理论的事情，更需要具备实践能力来将创意付诸实践。这包括与客户、供应商、团队成员等各种利益相关者的沟通合作能力，以及项目管理、市场营销等实战技能的提升。通过实践能力的培养，大学生创业者才能更好地应对各种挑战和问题。

3. 注重实践与理论的结合

实际操作与理论研究是相辅相成的，二者相互促进，能够更好地推动创业项目的发展。大学生创业者应该通过读书学习、参加创业培训等方式，提高自己的理论基础，将理论知识与实际操作相结合，更好地思考和解决实际问题。

4. 鼓励创新实践

创新是创业的灵魂，只有不断创新，才能在激烈的市场竞争中取得成功。大学生创业者应该鼓励员工和团队成员提出创新的点子，并且给予支持和资源，推动创新实践的落地。同时，创业者本身也应该保持创新思维和敢于尝试的勇气，不断挑战和突破自己的局限。

（三）风险管理原则

风险是创业过程中难以避免的一个因素，因此，大学生在创业过程中需要遵守一些风险管理原则，以降低潜在风险对创业项目的影响。

1. 进行风险评估和分析

在创业之初，进行全面的风险评估是至关重要的。创业者应该对可能遇到的各种风险进行评估和分析，包括市场风险、技术风险、竞争风险等，以及思考如何应对这些风险。通过仔细的评估和分析，创业者可以更好地制定风险管理计划，为创业项目的成功奠定基础。

2. 建立风险管理团队

创业过程中，一个专业团队的团队成员应该具备良好的风险识别和应对能力，能够全面了解和掌握创业项目的各种风险和挑战，并及时采取有效措施进行管理和应对。通过建立一个有效的风险管理团队，创业者可以更好地预测潜在风险，减少风险发生的可能性。

3. 制定风险规避和控制策略

一旦风险被识别和评估，创业者应该制定相应的规避和控制策略。规避风险的方法可以包括研究市场趋势、了解竞争对手、进行市场调研等，通过这些方法可以提前发现潜在风险，尽量避免陷入风险的局面。同时，创业者还应该制定风险管控策略，通过合理的风险分配和风险控制措施，降低风险的发生概率和影响程度。

4. 建立风险监测和应对机制

创业过程中，创业者应该不断监测和评估风险的变化和发展趋势，并及时调整和改进风险管理策略。同时，创业者还应该建立灵活的应对机制，在风险发生时能够迅速做出反应，并采取相应的措施来应对和解决问题，确保创业项目的顺利进行。

（四）承担社会责任的原则

大学生创业的成功与否，不仅仅体现在商业利益的获得上，更关乎其对社会的责任担当。大学生创业者应当意识到自己是社会中的一员，积极履行自己的社会责任。

在大学生创业过程中，承担社会责任的原则要求创业者充分考虑社会公共利益。大学生创业往往会涉及到各种资源的调用和利用，包括人力资源、物质资源和财务资源等。在运用这些资源的时候，尽量减少对公共资源的滥用。

大学生创业者在实践中应该持有一种具有社会责任意识的心态。这意味着他们在经营过程中应该注重企业的社会形象，维护社会的和谐稳定。创业者不仅要追求自身利益的最大化，还应该考虑员工的福利和社会对企业的期望。他们要意识到，企业只有在社会认可和支持的基础上才能持续发展。

承担社会责任的原则要求大学生创业者在经营决策中注重环境保护和可持续发展。创业者应当关注企业的生态环境，采取环保措施，减少对自然资源的消耗和污染。他们应当致力于推动绿色经济的发展，积极参与社会公益事业，为社会的可持续发展贡献力量。

承担社会责任的原则还要求大学生创业者积极回馈社会。创业者通过创造就业机会，提供有价值的产品和服务，为社会做出真正的贡献。他们可以开展各种社会公益活动，回馈社会，帮助那些需要帮助的人群和社区。这种社会责任意识不仅有助于企业形象的树立，也会对创业者自身的成长带来积极的影响。

四、大学生创业的过程

（一）创意的产生和筛选

大学生作为年轻有活力的一代，他们往往具有丰富的创意和想法，并且对新事物持有开放的态度。因此，创意的产生对大学生创业来说可能是相对容易的一步。

在创意的产生方面，大学生可以通过多渠道获取灵感。举个例子，他们可以参加各种创业大赛、创意展览等活动，与其他有创造力的人进行交流和碰撞，从中获得启发。此外，大学生还可以通过观察市场、关注社会热点等方式，发掘潜在的商机和创意。这些渠道可以帮助大学生丰富自己的想法库，激发创新思维。

然而，仅仅有创意是不够的，还需要进行筛选和鉴定。大学生应该意识到，不是所有的创意都具有商业价值和可行性。因此，在进行筛选时，他们需要考虑一些重要的因素。

其一，市场需求是筛选创意的重要依据。大学生创业的初衷是为了解决现实问题、满足市场需求。因此，在产生创意时，他们应该关注潜在的市场需求，思考自己的创意与市场之间是否存在契合点。

其二，资源和能力也是创意筛选的关键因素。创意是否可以得到足够的资源支持和是否与自己的能力匹配，决定了其可行性。大学生创业阶段，他们通常资源有限，因此在筛选创意时要考虑资源的可行性。

其三，竞争环境也需要纳入考虑。创意是否具备竞争优势、是否可以抵御市场竞争的压力，都是创意筛选的重要因素。大学生应该对所选择的创意进行充分的竞争分析和风险评估，从而确保能够在激烈的市场环境中立足。

（二）商业模式的设计

在大学生创业的过程中，商业模式的设计是至关重要的一步。商业模式是指企业用以获取利润的方式和方法，它涉及到产品或服务的定义、市场需求的满足方式、收入来源的确定等。一个好的商业模式可以帮助大学生创业者实现创意的商业化，并确保企业的持续发展。

首先，在商业模式的设计中，大学生创业者应该要明确他们所提供的产品或服务的核心特点。要清楚地定义产品或服务的独特之处，强调对目标客户的价值和吸引力。只有通过与竞争对手的差异化，才能够在市场中取得竞争优势。例如，可以通过更好的品质、更低的价格或更好的用户体验来吸引客户。

其次，在商业模式的设计中，大学生创业者需要考虑市场需求和目标客户的满足方式。要通过市场调研和分析，了解目标客户的需求和偏好，确保产品或服务能够满足他们的需求。这可以通过研究目标客户的消费行为、市场趋势和竞争对手的情况来实现。只有清楚地了解市场需求，才能够制定出有针对性的商业模式。

再次，在商业模式的设计中，大学生创业者还需要明确收入来源和盈利模式。可以考虑利用直接销售、订阅制度、广告收入等多种方式来获取收入。重要的是要确保收入来源是可持续的，并与产品或服务的核心定位相匹配。此外，要考虑到成本和利润之间的平衡，确保盈利模式能够使企业获得可持续的发展。

最后，在商业模式的设计中，大学生创业者需要考虑企业的可扩展性和可持续发展性。商业模式应该具备适应变化的能力，以应对市场环境的变化。同时，要考虑到企业的发展和扩张需求，确保商业模式能够支持企业在不同阶段的发展。

（三）项目的实施

项目的实施阶段是将创业计划落地并开始真正运作的阶段，它直接关系着创业的成败。在项目实施阶段，创业者需要根据之前的创意和商业模式设计，制定出一系列具体的行动计划，并逐步推进项目的实施。

1. 明确项目目标和愿景

创业者应该对自己的项目有明确的目标和愿景，这有助于为项目制定明确的指导方针和发展路线。在这个阶段，创业者应该对市场需求、竞争环境、产品特点等进行全面的分析和调研，以便制定出符合市场需求且具有竞争优势的项目目标。

2. 制定详细的计划和行动步骤

在项目实施阶段，创业者需要将目标落实到具体的行动计划上，明确每个阶段的任务和时间节点。创业者可以制定出详细的里程碑计划，将整个项目分解成若干个可操作的子任务，然后逐步推进，确保项目进展顺利。

3. 充分调动资源和组织团队

创业者应该根据项目的需要，合理分配资源，包括人力、资金、物资等。同时，创业者还应该建立一个强大的团队，将有能力和经验的人员聚集起来，共同推进项目的实施工作。在项目实施的过程中，团队的协作和配合十分重要，只有充分发挥团队的优势，才能提高项目实施的效率和质量。

4. 进行风险管理和调整

创业过程中难免会面临各种风险，包括市场风险、技术风险、竞争风险等。创业者应该时刻关注外部环境的变化，及时调整项目的策略和方向，降低风险并保证项目的顺利进行。同时，创业者还应该具备应对风险的能力，灵活应变并及时解决问题，确保项目的实施不受阻碍。

（四）企业的运营和管理

企业的运营和管理是大学生创业过程中关键的一环。一旦大学生创业项目进入实施阶段，合理的企业运营和有效的管理将直接影响着企业的长期发展和生存能力。在企业的运营中，大学生创业者需要关注几个关键方面。

首先，大学生创业者应当注重战略规划。战略规划是企业长远发展的蓝图，它需要考虑外部环境的变化趋势以及企业内部的资源和能力，并制定出相应的发展战略。大学生创业者应当密切关注市场变化、竞争对手动态，以及技术和行业趋势等信息，及时进行战略调整，确保企业在激烈的市场竞争中保持竞争力。

其次，大学生创业者还需要重视市场营销。市场营销是企业与市场进行有效沟通的关键环节，它不仅包括产品的推广和销售，更需要创业者对市场需求和消费者行为的准确把握。大学生创业者应当进行市场调研，了解目标客户群体的需求和偏好，通过精准定位和营销策略的制定，将产品或服务推向市场，实现市场份额的增长。

再次，大学生创业者需要关注企业的财务管理。财务管理是企业经营的重要支撑，它涵盖了资金的筹集、投资决策、成本控制、财务报告等方面。大学生创业者应当建立健全的财务管理体系，加强对资金的有效利用和风险控制，保持企业财务的稳定和健康发展。

最后，大学生创业者还应注重团队管理。一个稳定、高效的团队是企业成功的关键因素之一。大学生创业者应当重视团队的组建和培养，明确团队成员的分工和职责，建立有效的沟通和协作机制，激发团队成员的创造力和工作动力，共同推动企业的发展。

五、大学生创业的重要性

（一）对个人发展的重要性

大学生创业对个人发展具有重要性，它为大学生提供了一个实践与锻炼的机会。

创业可以锻炼大学生的创新能力和实践能力。创业过程中需要不断寻求新的商业模式、市场机会和解决方案，这要求大学生具备创新思维和实践能力。通过实际操作和不断尝试，他们可以学会如何将创新的想法转化为商业价值，提高自身创新能力和实践能力。

创业可以培养大学生的团队合作能力和领导能力。在创业过程中，大学生需要与合作伙伴共同合作，分工合作、协调沟通，解决问题并取得共同的目标。同时，作为创业者，他们需要发挥领导作用，制定发展战略、激励团队成员，并推动团队朝着共同目标前进。

创业也能够帮助大学生提升自信心和独立思考能力。创业过程中，大学生需要面对各种困难和挑战，需要自己做出决策并承担责任。在这个过程中，他们会经历成败和挫折，但也会学会从失败中吸取教训，不断调整和改进。随着实际经验的积累和成功的增多，大学生的自信心和独立思考能力得以提升。

（二）对社会经济的重要性

大学生创业对社会经济具有重要的影响和意义。其一，大学生创业有助于促进经济增长、增加就业机会。随着我国经济的快速发展和待就业人口的快速增长，传统的就业渠道已经无法满足大学生就业的需求。而大学生创业可以为社会创造新的就业机会，同时为经济发展增加新的动力和活力。通过创新、开拓市场，大学生创业可以带动产业发展，推动经济增长。

其二，大学生创业对于社会经济结构的升级和优化具有重要意义。大学生创业的涌现，往往意味着产业的转型升级。大学生创业者通过引入新的技术、新的产品和服务，推动了传统产业的升级和转型。例如，在信息技术领域，许多大学生创业者运用新的技术手段，开拓新的商业模式，推动了传统行业的数字化转型。这不仅提高了社会经济效益，还有效推动了整个产业的创新升级。

其三，大学生创业对于促进社会创新与社会进步也具有重要作用。大学生创业者通常具备良好的知识背景和创新思维，他们常常能够发现和解决社会中存在的问题。大学生创业，会推动社会创新的发展，满足市场需求，提高社会生活质量。例如，一些大学生创业者通过电商平台，打造了一种新的社交购物方式，为消费者提供了更加便捷、多样化的购物体验。这种创新不仅促进了商业模式的变革，也改变了人们的生活方式。

第三节　大学生创新创业的模式

一、大学生技术型创新创业模式

（一）大学生技术型创新创业模式的定义

大学生技术型创新创业模式是指大学生利用科技和技术创新，通过自主研发和实践，创建新的商业模式和经营方式，从而实现创业和创新的一种模式。技术型创新创业模式注重利用科技和技术的先进性，以实现产品、服务或商业模式的创新为核心驱动力。

大学生在技术型创新创业模式中，大学生创业者通常具备深厚的技术知识和技能，能够将科技研究成果转化为具有商业价值的产品或服务。这些创业者往往也通过创新的商业模式，引领市场的变革和发展。

技术型创新创业模式的核心在于技术创新，它意味着打破传统的生产方式和商业模式，提供新颖的解决方案和服务。在这种模式下，创业者通过技术创新不仅能够满足市场的需求，还能够创造新的需求。这种模式的关键在于创业者对市场趋势和技术前沿的敏感度，以及对客户需求的深入理解和解决能力。

（二）大学生技术型创新创业模式的特点

1. 注重技术创新的驱动力

相比其他创业模式，技术型创新创业模式更加关注技术的研发和应用。这种模式的创业者需要具备相关技术背景，他们通过技术创新来解决市场中存在的问题，从而实现商业化的目标。

2．具备较高的创新风险

由于技术的不确定性和市场需求的不确定性，技术型创新创业模式的风险较大。创业者需要投入大量的时间和资金进行技术研发，同时也需要面对来自市场的风险和竞争。因此，技术型创新创业模式需要创业者具备较强的创新意识和承担风险的能力。

3．注重合作与共享

一般而言，技术型创业涉及到较复杂的技术问题和专业知识，很难由一个人独自完成。因此，技术型创业者往往依靠合作与共享的方式来实现创新和创业。通过与其他同学、企业、高校和研究机构的合作，技术型创新创业者能够共同分享技术资源和市场资源，从而实现创新的最大化。

4．追求长期的可持续发展

由于技术的快速更新换代和市场需求的变化，技术型创新创业模式需要不断调整和优化，以适应新的技术和市场趋势。而且，技术型创新创业者往往也面临着技术壁垒和资金压力等挑战，需要采取有效的策略和措施来保证企业的长期发展。

（三）大学生技术型创新创业模式的现状

随着科技的不断进步和创新能力的提升，技术型创新创业模式在大学生群体中得到了越来越多的关注。技术的广泛应用和创新成果的不断涌现，为大学生提供了更多的创业机会和渠道。

大学生技术型创新创业模式的现状表现出多元化和个性化。不同学科背景的大学生，可以根据自身的专业特长和兴趣选择不同的技术创新创业路径，例如信息技术、生物医药、新能源等领域。这种多元化和个性化的创业选择，有利于发挥大学生的特长和激发创新潜能。

大学生技术型创新创业模式的现状还体现出政府支持和引导的力度不断加大。政府鼓励大学生技术创新创业，通过提供各种政策和经济支持，为大学生提供创新创业的良好环境和条件。例如，设置创新创业类项目资金、举办创新创业大赛等，不仅帮助大学生实现创新创业梦想，也促进了技术创新的发展。

大学生技术型创新创业模式的现状还表现为与企业、科研机构的合作与沟通密切。大学生技术创新创业需要更多的资源和支持，与企业和科研机构的合作可以共享资源、共同攻克难题，提升创新创业的成功率。良好的合作关系和沟通机制促进了技术型创新创业模式的发展，为大学生提供了更多的实践机会和项目支持。

（四）技术型创新创业模式实践过程中的挑战

技术型创新创业模式的实践过程中面临着众多挑战。

首先，技术型创新创业涉及到前沿的科技领域，对创业者的专业知识和技能要求较高。创始人需要深入了解所涉及的技术领域，掌握核心技术，同时还需要具备市场洞察力和商业触觉，将技术转化为商业价值。

其次，技术型创新创业模式的实践需要充足的资金支持。研发新技术、建立实验室、购买设备、招揽人才等都需要大量资金投入。然而，技术创业的风险和不确定性较高，许多传统投资者对技术项目持保守态度，对于创业者而言，寻找资金支持是一项艰巨任务。

再次，技术型创新创业模式还面临着市场验证和商业化转化的挑战。即使有了创新的技术，也需要找到市场需求，并将技术产品或服务与市场需求相匹配。这需要深入了解目标市场、研究竞争对手、建立合作关系等。同时，技术型创新创业还需要充分考虑商业模式的可持续性，如市场定位、盈利模式等。

最后，技术型创新创业模式的实践还面临着政策环境和外部资源不确定的挑战。政策的支持和相关资源的获取对技术型创新创业至关重要。创业者需要时刻关注政策动向，了解政策导向和政府支持政策，争取更多的政策红利。同时，寻找和利用外部资源，如人才、技术合作、市场渠道等，也是实践过程中需要面对的挑战。

二、大学生服务型创新创业模式

（一）服务型创新创业模式的定义

在大学生创新创业领域中，服务型创新创业模式作为一种重要的创业形式备受关注。服务型创新创业模式可以被理解为创业者基于自身技能、经验和专业知识，提供特定服务或解决特定问题的一种创业模式。与技术型创新创业模式相比，服务型创新创业模式更加注重通过服务提供解决方案，满足客户需求，并做到可持续发展。

在服务型创新创业模式中，创业者通常是针对特定的市场需求或社会问题，提供有针对性的服务。这些服务可以包括但不限于咨询、培训、市场推广、产品定制等。创业者通过运用自身专业技能和知识，在特定领域提供高质量的服务，以解决客户问题、满足市场需求。

服务型创新创业模式注重的是创新性的服务方式。创业者在提供服务的过程中，通过运用创新的思维和方法，不断改进与提高服务质量和效果。例如，可以引入新的技术手段、利用大数据与人工智能等技术进行服务优化，或者设计出独特的服务流程与体验，从而提升服务的竞争力和附加值。

服务型创新创业模式也强调创业者与客户之间的密切互动与合作。创业者需要积极与客户进行沟通与交流，了解客户需求与问题，并根据客户反馈进行及时调整与改进。这种互动与合作的方式可以帮助创业者更好地适应市场需求，并建立起长期稳定的合作关系。

（二）服务型创新创业模式的特点

服务型创新创业模式作为大学生创新创业的一种重要形式，具有以下几个特点。

1. 注重解决社会问题和满足用户需求

与技术型创新创业模式注重技术革新不同，服务型创新创业模式更加注重对社会需求的深入理解和满足，致力于提供全方位、个性化的服务，以解决人们在各个方面的现实问题。

2. 强调创新的服务提供方式和商业模式

创新并不仅仅指技术上的创新，还包括服务提供方式的创新，如通过互联网和移动技术的应用，构建起新的服务平台和商业生态系统。这种模式不仅改变了传统服务行业的经营方式，也为新兴服务领域的发展提供了新的契机。

3. 注重人才培训和组织结构的建设

在服务型创新创业过程中，人才的培养和团队的组织架构至关重要。服务型创新创业者需要具备一定的专业知识和技能，同时还需具备团队合作和管理能力，以便更好地提供高质量的服务和实现持续创新。此外，服务型创新创业模式还需要注重市场营销和用户体验，以便更好地满足用户需求并提高市场竞争力。

4. 具有社会效益和经济效益的双重价值

通过提供有效的服务，服务型创新创业模式能够有效地改善社会生活质量，满足人们的日常需求，同时也能够带来经济效益，创造就业机会，促进经济发展。

（三）服务型创新创业模式的现状

服务型创新创业模式是一种以提供创新性服务为核心的创业模式。随着社会经济的发展和人们对个性化、定制化服务的需求不断增加，服务型创新创业模式在大学生创业领域中得到了广泛关注和应用。

服务型创新创业模式的发展得益于科技的迅猛发展。随着互联网的普及和技术的进步，大学生创业者能够利用互联网和各种技术手段创造出更加智能、高效的服务产品。例如，大学生创业者可以利用移动互联网平台开发个性化定制的在线教育服务，满足用户个性化学习需求。

服务型创新创业模式的现状体现出大学生对于社会问题的关注和解决愿望不断增强。越来越多的大学生创业者将创新创业与社会公益事业相结合，致力于解决社会痛点和提供有益于社会发展的服务。他们通过开展社区服务、环保项目、公益活动等方式，为社会创造了积极的影响。

服务型创新创业模式在现代商业文化的倡导下蓬勃发展。随着社会对于可持续发展和绿色经济的关注，越来越多的企业和消费者开始重视服务品质和社会责任。针对这一趋势，大学生创业者通过提供优质、绿色、可持续发展的服务，赢得了用户的信任和市场份额。

然而，服务型创新创业模式仍面临一些挑战和困境。首先，市场竞争激烈，服务型创新创业项目数量繁多，如何在众多项目中脱颖而出，吸引用户和投资者是一项关键挑战。其次，服务型创新创业需要优秀的服务团队，包括专业技能和良好的沟通能力，如何组建和管理团队也是一项难题。

（四）服务型创新创业模式实践过程中的挑战

在服务型创新创业模式的实践过程中，大学生创业团队面临着各种挑战。首先，市场竞争激烈使得服务型创新创业模式的市场前景变得不确定。在大城市里，已经有许多成熟的服务型企业占据了市场份额，而大学生创业团队必须在这样竞争激烈的环境中找到自己的定位和切入点。因此，他们需要创造性地寻找新的服务领域，或者在已有的领域中找到新的差异化和个性化的创新点。

其次，服务型创新创业模式的实践涉及到复杂的组织和运营管理。大学生创业团队通常由技术型人才和商务型人才组成，两者之间的沟通和协作需要时间和精力。同时，服务型创新创业模式往往要求团队具备专业的技能和知识，这就要求大学生创业团队在组建团队时要结合具体的服务领域来选拔人才。同时，运营管理也需要具备一定的专业知识，如市场营销、项目管理等，这对于大学生创业团队来说是一项巨大的挑战。

再次，服务型创新创业模式的实践也面临着资金和资源的限制。相比于技术型和资本型创新创业模式，服务型创新创业模式更加注重人力资源和服务质量。但是，大学生创业团队往往缺乏足够的资金和资源来支持他们的服务创新。因此，他们需要通过积极寻求合作伙伴、争取政府支持、参与创业大赛等方式来获取更多的资源。

最后，服务型创新创业模式的实践还需要适应一系列的法律和政策要求。在服务型创新创业模式中，大学生创业团队可能涉及到一些特殊的服务领域，如医疗、教育等，这就需要他们对相关的法律和政策要有一定的了解，具有合规性。否则，他们可能会面临着法律风险和监管问题。

第二章　大学生的创新思维与创新方法

第一节　大学生创新思维

一、大学生创新思维的内涵

（一）思维和创新思维基本概念

思维是人类独有的认知能力，是人类对外界信息进行处理和加工的过程。它是人脑对于事物进行感知、分析、判断和推理的能力的总称。思维可以分为各种类型，如逻辑思维、批判性思维、创造性思维等。其中，创新思维作为一种重要的思维方式，引起了广泛的关注和研究。

创新思维是指在解决问题、发展新观念和创造新产品、服务等方面，采用新颖、独特的思考方式和方法的思维活动。与传统的思维方式相比，创新思维更加突破常规，更能提供新的解决方案和创造性的成果。它具有一定的风险和不确定性，但也为社会发展和个人成长提供了无限的可能性。

创新思维是一种独特而前瞻性的思维方式，它能够促使个体或团体超越传统思维的局限，大胆尝试新的观点和创意，并在解决问题、创造价值和推动进步方面发挥重要作用。创新思维不仅仅是对已有知识和经验的简单运用，而是一种能够打破常规，寻找新颖解决方案的思维方式。

在创新思维中，个体或团体具有敏锐的观察力和思考能力，能够从不同的角度审视问题，发现问题背后的本质和潜在机会。创新思维注重创造性的思考和行动，强调独立思考和不断尝试的精神。创新思维还强调与他人合作和交流，通过倾听和共同探讨来汇集多样的观点和创意。

与其他传统的思维方式相比，创新思维具有以下几个关键特征。第一，创新思维具有开放性和包容性，不受传统思维框架的限制，能够接纳不同的思想和观点。第二，创新思维着重于问题的解决和价值的创造，注重实践和实际应用。第三，创新思维强调多元思维和跨学科的融合，能够综合利用不同领域的知识和经验，为问题解决提供更全面的视角和方向。

创新思维是大学生应该具备的重要能力之一。在现代社会中，创新思维能够提高个体的竞争力和适应能力，为个人的成长和发展提供重要支持。此外，创新思维也是推动社会发展和进步的重要推动力量。创新思维能够带来新的观点和创意，解决社会面临的复杂问题，推动科技创新和社会发展。因此，培养和发展大学生创新思维能力具有重要意义。

（二）创新思维与其他思维方式的区别

创新思维是一种与众不同的思考方式，与其他的思维方式存在着明显的区别。

与逻辑思维相比，创新思维更加关注非线性的思维模式。它不仅考虑事物的因果关系，还能够发现和利用事物之间的关联和相互作用。与批判性思维相比，创新思维更加着眼于从不同的角度思考问题，并能够快速提出新的观点和见解。与常规思维相比，创新思维更加勇于冒险和突破。它鼓励人们超越传统的框架和思维定式，勇于尝试新的方法和创意。

创新思维与传统思维方式不同。其一，创新思维更加注重追求新颖、突破和变革。创新思维不仅关注问题本身，还关注问题背后的根本原因和潜在的机遇。它不拘泥于过去的看法和方式，而是敢于挑战传统观念，勇于尝试新的思维路径和解决方案。其二，在思维的广度和深度。传统思维方式往往是相对狭窄的，更多地关注于特定领域或特定问题。而创新思维则更加注重于跨学科的思考和整体观念的建立。创新思维会运用不同领域的知识、技能和思想方法，从而开阔思考的广度。同时，创新思维也能够深入思考问题的本质，挖掘隐藏的认知模式和知识关联。其三，创新思维与传统思维方式还在解决问题的过程中存在着明显的差异。传统思维方式更倾向于直接解决问题，从表面解决问题的具体细节出发。而创新思维则更注重对问题的抽象化和重新定义。创新思维能够去掉局限性，重塑问题的形态，以创造性的方式提出新的问题，并从根本上寻找解决方案。

正是由于这些区别，创新思维具备了独特的优势和作用。创新思维能够提供全新的思考角度。它能够打破常规思维的束缚，激发创造力和想象力，在解决问题和面对挑战时寻找到更加有效的途径。此外，创新思维还能够促进个人的终身学习和不断发展，培养人们的创新意识和创新能力。

二、大学生创新思维的特征

（一）独立性

思维的独立性指的是个体在思考中具有自主性和独立性。

创新思维不仅仅是对传统思维的延续和模仿，更重要的是能够在思考中独立思考，独立形成自己的观点和见解。独立思考意味着面对问题时能够摆脱传统思维框架的束缚，勇于提出不同的观点和想法。只有独立思考，才能产生真正的创新。

独立性是创新思维的基础，它为大学生的创新思维的发展提供了必要的条件和支持。具备独立性的创新思维，能够引导大学生走出传统的思维模式，培养敢于独立思考、勇于面对挑战的能力。

（二）创新性

思维的创新性指的是个体在思考问题和解决问题时，能够提出新颖独特的观点和想法。具有创新性的思维不受束缚于传统的思维模式，而是敢于挑战常规，勇于尝试新的思维路径。创新性思维的核心就是打破旧有的框架，在已知和已有的基础上进行超越和突破。

创新性思维可以分为两个方面，即横向和纵向的创新性。横向的创新性指的是在已经知道的领域内寻找新的方法和角度，打破传统的束缚。纵向的创新性则是指在已知领域之外寻找创新的可能性，探索未知领域。这两种创新性相互促进，都是培养大学生创新能力的重要方面。

（三）批判性

创新思维的批判性体现在对传统观念和现有模式的质疑和反思。具有创新思维的大学生不会盲目接受传统思维模式和观念的限制，而是勇于挑战并审视其合理性和适用性。

拥有创新思维的人能够充分理解和分析各种观点的优缺点，不会轻易被权威观点所左右。他们会运用逻辑和分析能力，对相反的观点进行思考和评估，从而对问题形成自己独立的见解。

拥有创新思维的人能够挖掘问题背后的隐含假设。他们不仅关注问题的表面现象，更注重揭露问题背后的根本原因和隐含的逻辑。通过分析和质疑问题所依赖的假设，他们能够发现传统思维模式的局限，并寻找新的解决方案。他们善于发现问题中的潜在挑战和矛盾，并通过思辨和探索来解决问题。

拥有创新思维的人还具有辩证思考的能力。他们能够站在不同的角度思考问题，对问题进行全面、多方位的考虑。他们会权衡不同观点和利益，避免陷入二元对立的思维模式。通过辩证思维，他们能够综合各种因素，找到更全面、更合理的解决方案。

拥有创新思维的人善于提出问题。他们对问题的提问不仅仅是为了获取知识，更是为了挑战现有观念和推动思维的发展。他们会思考问题的本质，提出深入的、有针对性的问题，从而激发创新思维。通过提问，他们能够引导问题的解决方向，推动创新的发展。

三、大学生创新思维的作用

（一）创新思维在学习过程中的作用

学习是大学生获取知识和提升能力的重要途径，而创新思维在学习过程中发挥着重要作用。

创新思维可以激发学生的求知欲望和好奇心。在学习过程中，学生可能会遇到各种问题和挑战，而具备创新思维的学生会积极主动地寻求新的认识和解决问题的方式，激发对知识的兴趣和热情。

创新思维能够帮助学生打破传统的学习思维模式，开拓思维的边界。传统的学习方式常常是按部就班地消化吸收知识，而创新思维则鼓励学生主动探索、抛弃束缚，勇于尝试新的学习方法和思考方式。通过创新思维的引导，学生能够从更广阔的视角去理解和应用所学知识，提高学习效果。

创新思维在学习过程中还协助学生培养批判性思考和问题解决能力。创新思维要求学生不仅仅只是接受所学知识，更要有能力批判性地思考并提出新的观点和解决方案。在学习中，学生可能会面临复杂的问题，而具备创新思维的学生能够从多个角度去分析、评估并解决问题，培养了问题解决的能力。

创新思维的应用也为学生的个人发展和未来职业发展提供了有力支持。在竞争激烈的社会环境中，具备创新思维的大学生更具有竞争力和应变能力，能够在不同的领域中脱颖而出。创新思维使学生能够主动掌握新知识和技能，积极探索新的领域和机会，并在实践中不断尝试和创新。

（二）创新思维在解决问题中的作用

创新思维在解决问题中发挥着重要的作用。

创新思维使得我们能够看到问题的本质，而不仅仅是表面的现象。传统的思维方式往往只会针对问题的表象进行分析与处理，而创新思维则能够深入挖掘问题的根源，找到隐藏在问题背后的核心因素。通过这种方式，我们可以更全面地理解问题的本质，并为问题的解决提供更有效的途径。

创新思维能够帮助我们发现新的解决方案。在解决问题的过程中，我们通常会被传统的思维模式所限制，难以找到新的切入点和思考角度。而创新思维则能够打破传统思维的束缚，引导我们寻找全新的解决方案。创新思维鼓励我们跳出舒适区，勇于尝试新的观点和方法，从而为问题解决带来新的思路和创意。

创新思维也能够激发我们解决问题的内在动力与创造力。创新思维要求我们具备挑战精神和探索精神，勇于面对困难与挑战。运用创新思维解决问题的过程中，我们不仅能够锻炼自己的思维能力，还能够培养解决问题的坚韧意志和创造力。这种内在动力和创造力的培养不仅对问题解决具有重大意义，也对我们个人的成长与发展具有积极的影响。

（三）创新思维在社会进步中的作用

具备创新思维能力的大学生不仅能够为社会带来新的想法和观点，还能够促进社会的发展和进步。下面从三个方面探讨创新思维对社会进步的作用。

1．推动科技创新和产业升级

在当今科技高速发展的时代，创新不仅是提升国家竞争力的关键，也是推动社会进步的重要驱动力。大学生拥有丰富的知识和独特的思维方式，他们能够通过创新思维来发现问题、解决问题，并在科技创新和产业升级中发挥积极的作用。他们的创新思维使他们为社会带来新的科技成果和经济增长点，为社会的发展注入活力。

2．推动社会制度和治理创新

社会制度和治理体系在不断变革和完善的过程中，需要注入不断发展的理念和创新的思维方式。大学生作为社会的中坚力量，他们具有敏锐的洞察力和独特的思考能力，能够提出新的观点和建议，为社会制度和治理体系的创新和改进提供宝贵的思路和建议。他们的创新思维能够帮助社会及时应对挑战和问题，推动社会制度和治理体系更加合理、有效并进一步满足人民的需要。

3．推动社会文化和价值观的更新

社会的进步不仅仅是经济的发展和科技的进步，更涉及到文化和价值观念的创新与更新。大学生作为新一代的知识传承者和文化创作者，他们拥有独特的文化视野和创新的思维方式，能够带来新鲜的文化观念和价值取向。他们的创新思维能够推动社会文化的多元化和丰富化，并与传统文化融合，促进社会文化的创新与发展。

四、创新思维的分类与模式

（一）创新思维的分类

创新思维作为一种重要的思维方式，在不同的领域和应用场景中，可以被分为多个不同的类型。下面将从几个主要的角度出发，对创新思维进行分类和介绍。

从创新思维的目的和方法出发，可以将其分为问题导向的创新思维和机遇导向的创新思维。问题导向的创新思维是针对特定的问题或挑战展开的思考活动。它强调对问题的深入分析，寻找解决方案以及解决方案的实施和验证方法。机遇导向的创新思维则更注重对外界机遇的把握和利用，以及对未来趋势的洞察和预测。它着眼于创造新的机会和市场，通过创新来满足市场需求。

创新思维可以根据思维过程的不同特点来分类。一种常见的分类是分散型创新思维和集中型创新思维。分散型创新思维强调分散的创新活动和思维过程，充分发挥个体和团队的创新能力，广泛收集和融合各种创意和观点。这种思维模式更加开放和自由，有利于激发创新的灵感和想法，但也需要引入有效的筛选和整合机制。集中型创新思维则更加注重集中的创新过程和组织资源，通过集中的研发活动来实现创新。这种模式通常在大企业和科研机构中较为常见，其优势在于资源和视野的集中，但也容易受到组织结构和机制的限制。

（二）创新思维的模式

创新思维的模式是指人们在进行创新思维活动时所采取的思维方式和策略。不同的模式对于创新思维的发挥具有不同的作用和影响。在研究和实践中，人们提出了多种创新思维的模式，并通过不同的模式来探索和激发创新。

一种常见的创新思维模式是"问题解决模式"。这种模式着重强调解决问题时的创新思维过程。在这种模式下，人们会通过分析和评估问题，寻找创新的解决方案。创新思维者会不断地提出新的观点和方法，并且不惧怕尝试新的思路，然后灵活地运用各种知识和技巧来解决问题。

另一种创新思维的模式是联想模式。这种模式强调创新思维者对于不同领域和概念之间的联系的敏感度。他们能够将看似不相关的事物联系起来，并且通过触发联想来产生新的创意和新的思维视角。创新思维者会经常进行信息的收集和整合，并且善于将不同领域的知识进行融合和创造性地应用。

此外，还有一种创新思维的模式叫作"设计思维模式"。设计思维模式注重以用户为中心，通过观察、洞察用户需求，以创造性地设计和开发解决方案。创新思维者会深入了解用户，通过观察和调研发现用户的痛点和需求，提出符合实际需求的解决方案。在这种模式下，创新思维者会强调用户体验、可行性和可持续性，在设计过程中充分考虑各种因素。

创新思维的模式对于发挥创新的作用具有重要意义，不同的模式能够激发不同的思维能力和创新潜能。在实际应用中，人们可以根据具体场景和需求选择适合的创新思维模式，并运用相应的策略和方法，提升创新能力和创新质量。

第二节　大学生实现创新的方法

一、头脑风暴法

（一）头脑风暴法的思维基础

头脑风暴法作为一种创新思维方法，得到了广泛的应用和认可。它的思维基础主要包括创造性思维、开放性思维和多元化思维。

头脑风暴法倡导创造性思维。创造性思维是指通过联想、组合、重组等方式，产生新观点和新创意。在头脑风暴中，我们鼓励参与者放松思维束缚，大胆提出各种各样的想法，不拘泥于固定的思维模式。通过创造性思维，我们能够开拓思维边界，激发创新灵感。

头脑风暴法倡导开放性思维。开放性思维是指不受限于常规、传统的思考方式，注重多元化的观点和想法。在头脑风暴中，我们鼓励参与者提出各种不同的观点，包括正反两面的看法。通过开放性思维，我们可以打破思维的局限性，发现问题的多面性，从而找到更加全面和全新的解决方案。

头脑风暴法倡导多元化思维。多元化思维是指从不同维度、角度去思考问题，避免单一视角的局限性。在头脑风暴中，我们鼓励参与者从不同的角度去审视问题，例如从技术、市场、社会等多个方面进行思考。通过多元化思维，我们能够深入分析问题的本质，寻找更加全面和有效的解决方案。

（二）头脑风暴法的操作步骤

头脑风暴法作为一种常用的创新工具，它的操作步骤可以帮助大学生在创新过程中迅速激发灵感。下面将介绍头脑风暴法的具体操作步骤。

1. 确定明确的创新目标

在进行头脑风暴之前，我们需要明确创新的具体目标，这可以是一个问题、一个挑战或一个需求。明确的创新目标能够帮助我们集中注意力，使得头脑风暴的结果更加有针对性。

2. 制定明确的规则和约束

虽然头脑风暴是一种富有创造性的方法，但是在实践过程中，我们也需要一些规则和约束来引导创意的产生。例如，可以规定每个人在一定的时间内提出尽可能多的创意，不允许批评和评价他人的创意，在这个阶段只关注数量而不关注质量等。

3. 进行集体或个人的创意产生

在头脑风暴的过程中，可以集体一起或个人独处产生创意。集体的方式可以通过团队成员之间的讨论和交流，互相启发和激发创意；个人的方式可以通过个人静思和冥想来激发内心的灵感。无论采用哪种方式，重要的是要积极思考和记录所有的创意，不要过早地批评和筛选。

4. 进行创意的整理和归类

在头脑风暴的过程中，通常会产生大量的创意，因此需要进行整理和归类。可以根据创意的相似性、关联性或者某种特定的分类标准来进行创意的整理和归类。这有助于我们更好地理解和分析不同的创意，为后续的评估和选择提供参考。

5. 选择和评估创意

在头脑风暴的结果中，可能会有一些非常有潜力和价值的创意。在选择和评估创意时，可以考虑创意的创新性、可行性、实用性等。同时，也可以利用其他的创新方法和工具来进一步挖掘和发展创意，以实现创新目标。

二、综摄法

（一）综摄法的基础

综摄法是一种常用于大学生创新的思维方法，其涉及多个方面。综摄法源于系统思维，旨在通过整合各种资源和观点，形成更全面、更综合的解决方案。其核心思想是将问题拆解成多个组成部分，分别进行分析和综合，最终达到整体优化的目标。

综摄法的理论基础还涉及到创新思维的概念和原则。创新思维要求大学生具备勇于挑战传统、敢于冒险尝试的心态，同时注重跨学科的融合和多元视角的交叉。综摄法作为一种创新思维工具，能够帮助大学生加强跨学科思考，提高问题解决的创造性。

此外，综摄法还与信息处理和概念模型有关。在综摄法的应用过程中，大量的信息需要被收集、整理和分析，以便形成全面的认知和决策基础。同时，在运用综摄法时需要构建概念模型，将各个因素和关系可视化，便于更好地理解和操作。

综摄法的基础内容还包括行动研究和实践导向。综摄法要求大学生通过实际问题的解决来丰富和完善自己的理论体系。只有将综摄法付诸实践，才能真正体验到其优势和价值，不断改进和提升自己在创新中的能力。

（二）综摄法的操作步骤

综摄法是一种系统性的思维方法，旨在帮助大学生在创新过程中全面思考问题，获取更全面的信息，找到更好的解决方案。在应用综摄法进行创新时，需要按照以下步骤进行操作。

1. 明确问题和目标

在创新过程中，明确问题和目标是非常关键的一步。大学生在使用综摄法时，需要清楚地了解待解决的问题，并明确自己的目标是什么。这可以帮助他们准确定位问题和思考的方向。

2. 收集信息

在综摄法中，信息的收集是非常重要的。大学生需要主动地寻找相关的信息，包括经验、数据、案例等，以帮助他们更好地理解问题和探索解决方案的可能性。大学生可以通过查阅文献、采访专家、实地调研等方式收集信息。

3. 进行综合分析

在收集到足够的信息后，大学生需要对这些信息进行综合分析。他们可以运用逻辑思维、比较分析等方法，把各种信息相互对比，找出其中的关联和差异，从而获得更全面的认识。这一步有助于帮助大学生深入理解问题的本质和内在联系。

4. 调动创新思维

综摄法鼓励大学生发散思维、调动创新思维。在这一步中，大学生可以采用多元化的思维方式，如依据六项思考帽法的角色来进行思考，或是运用形态分析法来寻找多个解决方案。这样可以拓宽思路，不受传统思维的限制，找到更创新的解决方案。

5. 评估和选择方案

在经过以上步骤后，大学生需要对产生的各种解决方案进行评估和选择。他们可以借助奥斯本检核表法来进行评估，综合考虑各个方面的优劣势，找出最符合目标和条件的方案。这一步需要理性思考和判断力，确保最终选择的方案能够真正解决问题。

三、形态分析法

（一）形态分析法的主要环节

形态分析法作为一种重要的创新方法，在大学生创新实践中具有广泛的应用。形态分析的过程主要包括信息获取、问题表述和解决方案生成三个环节。

信息获取是形态分析法的关键环节之一。在创新过程中，我们需要收集相关的信息和数据，以便更好地理解问题的本质和背景。信息获取可以通过文献研究、实地调查、专家访谈等方式进行。通过获取充分的信息，我们能够对问题有全面的认识，为后续步骤打下基础。

形态分析法要求我们准确表述问题。问题表述的好坏直接关系到解决方案的质量。在表述问题时，我们应该明确问题的性质、目标和限制条件。通过准确的问题表述，我们能够更加清晰地定位问题，从而有针对性地进行创新思考。

在形态分析法中，解决方案的生成是核心环节。在解决方案生成阶段，我们通过应用创新思维，扩展思维空间，寻找新的解决方案。形态分析法强调通过组合和变化不同的元素或属性，产生新的组合，从而找到更优的解决方案。通过不断的尝试和实践，我们可以不断优化和改进解决方案，使其更加创新和有效。

（二）形态分析法的操作步骤

形态分析法作为一种有效的创新方法，可以帮助大学生在解决问题和创新思考中发挥重要的作用。下面将介绍形态分析法的操作步骤，以帮助大学生更好地运用这一方法。

1. 明确问题

在开始运用形态分析法之前，我们需要明确所面临的问题或挑战。这可以是一个具体的项目或一个创新的想法。清晰地定义问题有助于我们把握问题的核心要素，为后续的分析提供指导。

2. 确定要素

在确定问题后，我们需要识别与该问题相关的关键要素。这些要素可以是问题涉及的各个方面，或是影响问题解决的重要因素。对于每个要素，我们可以进行进一步的拆分和分析，以便更好地理解问题的具体细节。

3. 生成形态图

形态图是形态分析法的核心工具之一，用于将各个要素进行组合和排列，以产生可能的解决方案。在生成形态图的过程中，我们可以运用创造性思维，将不同的要素进行组合，尝试各种可能性，并记录下每个组合的特征和优缺点。

4. 评估和筛选

生成形态图后，我们需要对其中的各个组合进行评估和筛选。这一步骤可以根据特定的评估标准，对每个组合的可行性、效果进行分析。通过评估和筛选，我们可以逐步缩小选择范围，将最有潜力的解决方案留下来。

5. 进一步完善和优化

在评估和筛选后，我们可以选择最优的解决方案，并进一步完善和优化它们。这包括考虑各种可行性因素，如技术可行性、经济可行性和可行性的时间限制。同时，我们还可以通过反馈和改进，不断优化解决方案，使其更符合实际需求。

形态分析法的操作步骤可以帮助大学生系统地分析和解决问题，以及开展创新思考。通过明确问题、确定要素、生成形态图、评估和筛选，最后完善和优化，我们能够找到更具实际可行性的解决方案，并在实践中应用它们。大学生可以通过不断的实践和探索，熟练掌握形态分析法，并将其应用于自己的创新实践中，不断提升创新能力。

四、信息交合法

（一）信息交合法的主要内容

信息交合法作为一种创新思维工具，能够帮助大学生迅速获取、整合和交流各类信息，从而促进创新的发展。信息交合法的主要内容有两个方面，即信息获取和信息交流。

其一，信息获取是信息交合法的基础。大学生在进行创新活动时，需要广泛收集和获取相关信息，包括但不限于查阅文献资料、咨询专家、调研市场等渠道。通过多样化的信息获取方式，大学生能够获得不同领域的知识和观点，丰富自己的思维资源，为创新提供必要的素材和灵感。

其二，信息交流是信息交合法的核心。在创新过程中，大学生需要将自己获取到的信息进行整合和交流，以便更好地理解和把握问题。信息交流既包括与他人的沟通和合作，也包括自我思考和自我表达。通过交流，如倾听他人的意见和想法，大学生能够改进自己的创新思路，并找到更好的解决方案。

（二）信息交合法的重要性

信息交合法的核心思想是将不同来源和形式的信息进行合并和交融，从而达到创新的目的。在实践中，大学生可以采用信息交合法，将不同的观点和观念相互融合，产生新的创新点子；也可以通过形态分析法进行综合思考和整合，将不同的信息进行分类和归纳，梳理出关键问题和关键要素。

信息交合法的应用对于大学生的创新能力培养具有重要意义。它不仅能够帮助大学生拓宽思维边界、充实知识储备，还能够促进团队合作和交流，培养创新思维和创新意识。因此，大学生在进行创新实践时，应当深入理解信息交合法的原理，灵活运用其中的方法和技巧，从而更好地推动创新的发展。

五、奥斯本检核表法

（一）奥斯本检核表法的主要内容

奥斯本检核表法源于美国广告行业的创新培训，是一种系统性的创造性思维方法，它的理论基础可以追溯到奥斯本对创新过程的研究和总结。奥斯本认为，在创新中，我们需要有一种可操作的工具来帮助我们思考和评估创意的质量，于是他提出了奥斯本检核表法。

奥斯本检核表法的核心理论是：任何创意都应该遵循一定的原则和准则。奥斯本将这些准则分成了六个方面，分别对应着创意的不同角度和要素，这六个方面分别是评估、发展、组合、改进、适应和利用。通过检核表，我们可以系统地评估创意是否满足这些准则。

在评估方面，我们需要考虑创意的独创性、创意是否满足需求和目标，以及创意的实现可行性等。在发展方面，我们需要思考创意的扩展性和延伸性，以及它是否具有创新性和可持续性。在组合方面，我们需要将创意与其他创意或资源进行组合，形成更加有价值的组合创意。在改进方面，我们需要思考如何对创意进行改进和优化，以强化其效果和使用价值。在适应方面，我们需要考虑创意在不同环境和条件下的适应性和可操作性。最后，在利用方面，我们需要思考如何将创意转化为实际的应用和效益。

奥斯本检核表法通过这六个方面的评估，帮助我们全面地理解和评估创意的优缺点，从而更好地指导创新实践中的决策和行动。通过遵循奥斯本检核表法的步骤和准则，我们可以更加系统地开展创新工作，提高创新的质量和效率。

（二）奥斯本检核表法的操作步骤

奥斯本检核表法是一种有效的思考工具，它可以帮助大学生在创新过程中进行系统性思考和评估。下面将详细介绍奥斯本检核表法的操作步骤，以指导大学生运用此方法进行创新实践。

在使用奥斯本检核表法之前，大学生要确定需要评估的创新想法或项目。这可以是一个研究课题、一个创业计划，或者任何需要进行评估和改进的创新项目。

为了使用奥斯本检核表法，大学生需要准备好评价表格。这个表格由一系列与创新项目相关的指标和问题构成。例如，对于一个研究课题，评价表格包括的指标可能有"研究目标的明确性""实施可行性的分析"和"研究方法的科学性"。对于一个创业计划，评价表格的指标可能有"市场需求的确定""竞争分析"和"商业模式的可持续性"。大学生需要根据具体的创新项目，确定适当的指标和问题，并制作出评价表格。

接下来，大学生需要进行评估与填写。他们需要使用评价表格对所选的创新项目进行全面的评估。这就意味着需要回答每一个指标和问题，并给出相应的评分或回答。评估可以通过根据实际情况进行观察、分析和讨论来完成。评估的结果应该是客观、准确的，以便更好地了解创新项目的现状和潜在问题。

除了评估之外，大学生还可以利用奥斯本检核表法来产生新的创新想法和解决方案。通过对评价表格的分析，他们可以发现一些问题或薄弱环节，并针对这些问题提出创新的解决方案。这样，奥斯本检核表法不仅是一个评估工具，更是一个思考和创新的启发器。

根据评估结果，大学生可以制定改进计划。通过对评价表格中得分较低的指标和问题的深入分析，他们可以确定问题的原因并制定具体的改进措施。改进计划应该具有可操作性和可度量性，以确保实施过程的顺利进行。

六、六顶思考帽法

（一）六顶思考帽法的原理

六顶思考帽法是爱德华·德·博诺开发的一种思维训练模式，六顶思考帽是指使用六种不同颜色的帽子代表六种不同的思维模式。它通过引入六个不同的视角，帮助人们更全面地审视问题，产生创新的解决方案。这六顶思考帽分别代表情感、乐观、批判、创新、逻辑和掌控。每个思考帽对应一种特定的思考方式，可以启发大学生的创造力和创新潜力。

"情感思考帽"强调情感的影响力，鼓励大学生在创新思维中充分发挥情感的作用。这种思考方式使大学生能够关注自己的情感反应，并将其纳入到问题解决的过程中。

"乐观思考帽"强调积极的态度和信念，鼓励大学生始终保持乐观的心态。这种思考方式使大学生能够看到问题中的机会和潜力，从而激发创新思维和解决问题的动力。

乐观思考帽要求大学生用积极的眼光看待问题，并寻找创新的解决方法。

"批判思考帽"强调带着批判性和勇于挑战的思维方式去思考。这种思考方式使大学生能够审视问题中的逻辑，敢于提出合理的质疑和批评。批判思考帽要求大学生具备辨别真伪、分析问题的能力，以及提出合理的解决方案。

"创新思考帽"是一种鼓励大胆想象和创造的思考方式。它帮助大学生摆脱传统思维的条条框框，开拓思维的边界，激发他们的创造力，并寻找非传统的解决方案。

"逻辑思考帽"注重逻辑推理和思维的合理性。这种思考方式要求大学生基于事实和逻辑进行思考，避免主观偏见和随意推断。逻辑思考帽帮助大学生提高决策的准确性和可靠性，以及解决问题的有效性。

"掌控思考帽"强调决策和执行的能力。这种思考方式要求大学生能够整合各个思维角色的观点，做出明智的决策，并能够有条不紊地执行解决方案。掌控思考帽帮助大学生将创意转化为实际行动，实现创新的目标。

（二）六顶思考帽法在大学生创新实践中的作用和应用案例

在大学生创新实践中，六顶思考帽法被广泛应用。这一方法通过模拟戴帽子的行为，激发不同思维模式的运用，从而促进全面、系统化的思考和决策。

一方面，六顶思考帽法使大学生能够透彻地考虑问题。戴上"蓝帽"，他们可以担任组织者和规划者的角色，主持和引导思考过程。"红帽"让他们表达感受和情绪，纵情倾诉，有助于发现问题的潜在影响和情感因素。而"白帽"让大学生对问题进行客观分析，收集和整理关键信息，获得全貌和事实依据。"黄帽"启发大学生积极思考解决方案的优势和好处，"绿帽"则鼓励发散思维，开放和创新地探索多种可能性。最后，"黑帽"鼓励大学生深入思考问题的缺陷、风险和障碍，评估与问题相关的负面因素。

另一方面，六顶思考帽法也为大学生提供了一个全面思考的框架。无论是个人创业项目还是团队合作，通过六个不同的思考角色，可以更准确地评估和分析创新点子的可行性和影响。此外，六顶思考帽法还有助于培养大学生的团队协作能力，通过轮流"戴帽子"的方式，鼓励每个成员提供不同的观点和思路，促进集体智慧的发挥。

一个具体的应用案例是某大学生科研团队的讨论会。在这个会议中，每个团队成员都会戴上不同颜色的帽子，依次展示自己的思考模式和观点。红帽角色的成员会通过表达个人的意见和情感，引发深入的讨论和思考。白帽角色的成员会提供相关的信息和数据，为讨论提供事实依据。黄帽角色的成员负责提供创新的解决方案和建议。绿帽角色的成员则鼓励与会者勇于提出新颖和大胆的想法。黑帽角色的成员会提出问题和挑战，引导团队考虑方案的风险和缺陷。通过这种方式，团队成员能够全景地思考问题，提高决策的质量和创新的水平。

第三章 大学生创新能力培养

第一节 大学生的基本创新能力及其培养方法

一、大学生的理论创新能力

（一）理论创新能力概述

理论创新能力指的是大学生在学习和研究过程中，通过对理论概念、原理、规律等的深入理解和掌握，能够发现问题、提出新观点、建立新理论，并能在实践中加以验证和应用的能力。

理论创新能力的特点体现在以下几个方面。首先，它具有开放性和创造性。大学生在学术领域进行理论创新时，需要具备开放的思维和创造的灵感，能够超越传统的思维模式，勇于尝试新的理论观点和研究方法。其次，理论创新能力需要具备严谨性和批判性。大学生在进行理论创新时，应当具备严密的逻辑思维和批判性的分析能力，能够对已有理论进行深入研究和评估，并能够提出新的理论观点，填补现有理论的空白。再次，理论创新能力需要具备实践性和应用性。大学生在进行理论创新时，不能仅停留在理论层面，还需要能够将理论与实践相结合，通过实证研究和实验验证等方式，将创新理论应用于实际问题解决中。最后，理论创新能力需要具备交流和合作的能力。大学生进行理论创新时，往往需要与他人进行交流和合作，通过与他人的讨论和碰撞，不断完善和发展自己的理论观点。

（二）理论创新能力的培养与实践

在大学生教育中，培养学生的理论创新能力是至关重要的。理论创新能力包括对现有理论的理解和分析，以及对理论的发展和运用的探索。

在培养学生的理论创新能力过程中，理论知识的学习和掌握是基础。学生应该深入学习相关领域的理论知识，理解其中的概念、原理和基本思想。同时，他们还应该注重对理论知识的批判性思考和分析。通过对不同理论的对比和评价，学生可以进一步提出自己独特的观点和见解。

实践是培养学生理论创新能力的重要途径。通过实践，学生可以将理论知识应用到实际问题中，发现问题并提出解决方案，从而促进理论的创新。在大学中，学生可以参加各类实践活动、实验课程和社会实习等，通过实践锻炼自己的理论创新能力。同时，学校也可以开设专门的课程或项目，引导学生进行理论创新的实践活动，提供必要的资源和指导。

评价与提升是培养学生理论创新能力的关键环节。学校应该建立科学有效的评价体系，从多个方面综合评价学生的理论创新能力。通过评价结果的反馈，学生可以得到有效的指导和激励，进一步提升自己的理论创新能力。

（三）理论创新能力的评价与提升

理论创新能力作为大学生创新能力的重要组成部分，对于培养学生的独立思考能力和学术研究能力具有重要意义。以下将就理论创新能力的评价与提升展开讨论。

评价大学生的理论创新能力应综合考量其学术造诣、学术交流能力和学术影响力等方面的表现。学术造诣是指学生在相关学科领域的知识储备和理论水平，包括学生在学科前沿研究方向上的深入理解和独立思考能力。学术交流能力则体现在学生对自己学术研究的清晰表达和对他人研究的理解与批评能力上。学术影响力是指学生在学术界的知名度和学术贡献，包括学术论文的被引用情况、学术会议报告的邀请及学术项目的获得等。

提升大学生的理论创新能力需要通过多种途径。第一，学校应提供良好的学术研究环境，为学生提供充足的学术资源和支持，包括学术数据库的开放使用、学术期刊的订阅和学术导师的指导。第二，学生应积极参与学术交流活动，如学术会议和学术讲座，以拓宽学术视野、提升交流能力，同时也可以通过与他人的讨论和互动来激发创新思维。第三，学校还可以鼓励学生参与学术竞赛和科研项目，培养他们的学术研究能力和团队合作精神。

提升大学生的理论创新能力，还应注重培养学生的批判性思维和问题解决能力。批判性思维是指学生具备对已有理论进行评价和批判的能力，对问题进行深入思考，形成独到的观点和见解。问题解决能力则是指学生能够运用学科知识和科学方法解决实际问题的能力，包括分析问题、提出解决方案和评估方案的有效性。学校可以通过开设批判性思维和问题解决能力的培训课程或组织相关的学术活动来提高学生的相关能力。

二、大学生的方法创新能力

（一）方法创新能力的理论框架

方法创新能力是指大学生在解决问题、开展研究和创新活动时，能够寻找和应用新的方法和策略的能力。这一能力的培养不仅要依靠实践经验的积累，更需要建立起一套系统化和理论化的指导框架。

其一，方法创新能力的理论框架包括对方法的识别和理解。在实践中，大学生需要通过深入研究和学习，掌握并识别各种不同的研究方法和解决问题的策略。这些方法可能是已有的经典方法，也可能是新兴的创新方法。大学生应当将扎实的理论学习和实践的结合，对不同的方法进行准确的理解和应用。

其二，方法创新能力的理论框架中还需要建立一个评估方法创新能力的标准和指标体系。方法创新能力的评估不仅关乎个体的能力提升，还与国家和社会的发展密切相关。因此，建立一个系统化和标准化的评估指标体系非常重要。这个体系应该包括对方法创新能力各个方面和层次的综合评估，为大学生的方法创新能力提升提供有针对性的评价和指导。

其三，方法创新能力的理论框架还应该包括方法的选择和应用。在实践中，大学生需要面对各种各样的问题和挑战，如何选择和运用合适的方法来解决问题是关键。因此，建立一个方法选择和应用的理论框架，包括方法的分析、评估和比较，能够对大学生的方法创新能力起到很好的指导作用。

其四，一个完整的方法创新能力的理论框架还应该包括对方法创新过程的理解和管理。方法创新是一个动态和复杂的过程，需要合理的规划和管理。大学生应该学会对方法创新的全过程进行管理和控制，从问题的识别到解决方案的实施，再到效果的评估，都需要有合理的方法管理策略和措施。

（二）方法创新能力的培育策略

在大学生方法创新能力的培育方面，我们需要采取一系列的策略和措施，以帮助学生提高其方法创新能力。下面将介绍几个重要方面。

第一，应该重视培养学生的理论基础知识。方法创新能力需要建立在坚实的理论基础上。因此，我们应该注重学生对相关学科的学习，并加强理论知识的教育。通过深入学习和理解学科的核心概念和原理，学生能够更好地应用这些知识去发现和解决问题，从而提高其方法创新能力。

第二，应该注重培养学生的实践能力。方法创新能力的培育需要结合实践来进行。通过实际的操作和实践活动，学生可以将理论知识转化为实际的方法和技能。例如，我们可以组织实验、实训、实习等活动，让学生亲自动手去实践和尝试，从而提高其方法创新能力。

第三，还需要注重培养学生的创新思维能力。创新思维是方法创新的重要基础。应该培养学生探索问题、发散思维、独立思考和解决问题的能力。我们可以通过启发性问题、思维导图、案例分析等教学方法来激发学生的创新思维，并引导他们运用不同的方法和思路来解决问题，从而培养其方法创新能力。

第四，应该鼓励学生进行跨学科的学习和合作。方法创新通常需要跨越不同学科的知识和思维方式。因此，我们应该鼓励学生拓宽自己的学科范围，积极参与到跨学科的学习和研究中。同时，我们还可以组织学生合作学习，在团队中共同探索和解决问题，从而培养学生的合作和创新能力。

第五，应该提供创新资源和平台，激发学生的创新热情。大学应该提供丰富的创新资源和实验设施，为学生搭建科研平台和创新实践的机会。同时，我们还应该提供相应的奖励和激励机制，鼓励学生积极参与创新活动，并将创新成果转化为实际的应用。

三、大学生的知识创新能力

（一）知识创新能力定义和特点

知识创新能力是指大学生在创新过程中运用和整合各类知识的能力。知识创新能力是大学生综合运用学科知识、专业知识、实践经验等进行创新的核心能力之一，它具有以下特点。

1. 系统性

在知识创新过程中，大学生需要掌握一定范围内的知识，并将其进行系统化整合。这种系统性体现在对多学科知识的融合运用、对不同领域知识的交叉应用等方面。通过系统性的知识整合，大学生能够更好地发掘问题的本质，并提出创新性的解决方法。

2. 创造性

知识创新能力要求大学生对问题进行深入思考，通过观察、分析、思辨等方式挖掘问题的潜在因素，并能够提出独特而创新的见解。

3. 合作性

创新不是一个孤立的过程，而是需要多个人的共同努力和智慧的结晶。大学生需要具备与他人进行合作、交流和协作的能力，通过团队合作共同解决问题。合作性体现在创新团队成员之间的协同努力、信息共享、资源整合等方面。通过合作，知识创新活动能够有更广泛的视野和更深入的思考，从而产生更具创新性的成果。

4. 持续性

创新不是一次性的行为，而是需要持续不断地进行。大学生需要具备持续学习、持续思考和持续实践的能力，通过不断积累知识和经验来推动创新活动的持续发展。这种持续性体现在对新知识的追求、对问题解决方案的不断优化和改进等方面。持续性的知识创新能力能够为个人和社会的发展带来长远的影响。

（二）知识创新能力的培养方法

培养大学生的知识创新能力，需要采取一系列科学有效的方法和策略。

首先，培养大学生的知识创新能力需要注重培养其基础知识和理论素养。基础知识是知识创新的基础，深厚的基础知识储备才能支撑起创新的思维和实践。因此，教育者需要通过系统的课程设置和教学方法，让学生加强基础知识的学习和掌握，培养他们的学科思维和分析问题的能力。

其次，注重培养学生的创新意识和思维方式。创新是在解决问题和面对挑战中产生的，因此培养学生的创新意识和思维方式是非常重要的。教育者可以通过案例分析、问题解决等方式，引导学生从不同的角度思考问题，激发他们的创新灵感。同时，需要鼓励学生勇于尝试和接受失败，提高他们的创新风险承受能力。

再次，积极培养学生的科研能力和实践能力也是培养知识创新能力的重要方法。科研是培养学生创新能力的重要途径之一，通过参与科研项目或课题研究，学生可以掌握科学研究的方法和技巧，并且在解决实际问题中锻炼自己的创新能力。相应地，学校和教育机构应提供科研资源和支持，为学生提供开展科研活动的平台和机会。

最后，注重培养学生的团队合作能力和创新环境。团队合作是创新的重要条件和动力，通过与他人合作，学生可以互相借鉴和启发，共同解决问题并推动创新。因此，教育者应鼓励学生参与团队活动，培养他们的团队合作能力和沟通协作能力。同时，学校应提供良好的创新环境，为学生创造思维碰撞和创新实践的机会，以激发他们的创新潜能。

（三）知识创新能力的提升路径

知识创新能力是大学生在学术研究、实践创新等方面的核心能力之一。为了提升大学生的知识创新能力，我们可以从以下几个方面进行探索和实践。

1. 培养自主学习能力

自主学习是大学生获取知识、深化理解的重要途径。大学生应该积极主动地寻找相关领域的学术资源，如学术期刊、学术会议以及知名学者的研究成果等，并进行系统性的阅读和学习。同时，可以尝试参与学术讨论小组、科研项目等，以此提升自己的学术思维和解决问题的能力。

2. 注重跨学科的学习和交流

知识创新往往需要各个学科领域的知识交叉和融合。大学生应该积极主动地参与到跨学科的学习和研究中，扩展自己的学术视野和知识面。可以选择修读一些与自己专业不同但相关的课程，参加学术研讨会或者学科交流活动，与不同背景的研究者进行交流和合作，借鉴其他学科的思维方式和方法论，提升自己的知识创新能力。

3. 推崇团队合作，培养合作能力

在知识创新的实践中，团队合作是必不可少的。大学生应该培养良好的团队协作

意识和合作能力，能够与他人共同合作、协商、解决问题。可以参与到科研团队、实验室等的研究性质项目中，学习与他人合作的技巧和方法。通过与他人的交流和协作，不仅可以相互借鉴和激发创新思维，还可以在团队合作的过程中培养自己的组织能力。

4. 着重培养批判性思维和创新性思维

大学生应该培养批判性思维和创新性思维，可以通过进行逻辑推理、思辨讨论、阅读研究论文以及开展独立的创新研究等方式进行实践。同时，也可以关注领域内的前沿研究动态，与学术前沿保持紧密联系，不断开拓自己的思维边界。

四、大学生的技术创新能力

（一）技术创新能力概述

技术创新能力是指大学生在科技领域中运用知识和技能进行创新的能力。它包括了多个维度的内涵和外延，具有多方面的表现形式。

技术创新能力的内涵涵盖了创新思维和创新方法。大学生在技术创新中需要具备开拓进取、敢于冒险的创新思维，能够主动发现问题、解决问题。在解决实际问题时，他们需要运用科学的方法和手段进行实验、观测、推理和分析，以寻找新的解决方案。

技术创新能力的外延体现在对技术的理解和掌握上。大学生需要具备扎实的学科基础知识，熟悉掌握相关技术的基本原理和操作方法。同时，他们还要具备学习和应用新技术的能力，能够快速地适应和掌握新兴技术，以满足科技发展的需求。

技术创新能力还要求大学生具备协作和沟通能力。在实际的技术创新过程中，往往需要团队协作，共同解决问题。因此，大学生需要具备良好的合作精神和团队意识，能够与他人有效地沟通和协调，共同推动技术创新的实施。

技术创新能力也包括了创新成果的实践和应用能力。大学生在技术创新中需要能够将其创新成果转化为实际应用。他们需要具备实验设计、数据分析和结果呈现的能力，能够将实验室中的创新成果应用于实际工程和生产中，以推动社会经济的发展。

（二）技术创新能力的发展机制

创新导向机制是推动大学生技术创新能力发展的重要机制。在大学教育过程中，应该营造鼓励创新的教育环境，培养大学生的创新思维和创新意识。学校可以通过多种方式，如组织科研项目、科技竞赛、创新实践等，激励学生从事技术创新活动。同时，引导学生将理论知识与实际问题相结合，培养他们运用技术解决实际问题的能力。

合作机制是推动大学生技术创新能力发展的关键机制之一。技术创新往往需要学生能够团队合作，因此，学校应该鼓励学生之间的合作与交流。通过课程设计、项目组队等方式，让学生有机会与其他人合作，共同解决技术难题。在合作的过程中，学生可以互相学习借鉴，共同促进技术创新能力的发展。

导师指导机制是推动大学生技术创新能力发展的重要机制之一。学校可以为学生提供导师指导，引导学生深入研究某个领域的技术问题，提高学生的技术创新能力。导师可以传授技术知识和方法，引导学生进行科研实践，在问题解决的过程中，培养学生的创新思维和创新能力。

鼓励实践探索机制也是推动大学生技术创新能力发展的重要机制之一。在实践探索中，学生可以将理论知识应用到实际问题中，通过实践解决问题，提高技术创新能力。学校可以为学生提供实践平台和资源支持，鼓励他们参与科技创新项目、工程实践活动等，培养他们的实践能力和创新能力。

第二节　影响大学生创新能力发展的因素

一、知识结构因素

（一）知识结构的定义和重要性

知识结构是指个体内部所存储的关于世界的知识的组织方式和结构模式，它包括个体所具有的各种学科知识、技能、经验等。在影响大学生创新能力发展的因素中，知识结构被认为是一个关键因素。

知识结构对于大学生创新能力的发展具有重要意义。一个完整、合理的知识结构能够提供丰富的知识资源，为大学生的创新提供坚实的基础。通过系统学习和广泛的知识积累，大学生能够获得更全面的认知和理解，培养综合运用知识的能力。

知识结构对于大学生的创新能力有着直接的影响。一个不完整的知识结构会限制大学生的创新思维和创新实践。如果大学生的知识结构仅局限于某一特定领域，他们的创新能力很可能受到局限，无法跨学科融合和创造。

知识结构还对大学生创新能力的培养起到关键的推动作用。通过对知识结构的优化，能够促进学生创新能力的提高和全面发展。可以通过培养广泛的兴趣爱好、跨学科学习等来优化知识结构，有助于拓宽大学生的知识领域，打破传统学科壁垒，激发创新的潜力。

（二）知识结构不完整对创新能力的影响

知识结构作为大学生创新能力的重要因素之一，对于其创新能力的发展具有重要影响。然而，当大学生的知识结构不完整时，其创新能力往往受到制约。

知识结构的不完整性会导致大学生在创新过程中无法准确获取、理解和运用相关知识。大学生创新能力的提升需要基于扎实的知识基础，而当知识结构不完整时，大学生很可能在实际应用中存在知识的缺失和薄弱环节。这就会限制他们在新领域或者新问题上的创新能力，使创新作品的质量和深度无法达到预期的水平。

知识结构的不完整性还会限制大学生在创新思维和方法上的发展。知识结构的不完整意味着大学生缺乏全面、系统的知识体系，这使得他们在解决问题、寻找新的思路和方法时缺失了一些角度。他们可能只能局限于已有的知识范围和思维模式，无法真正打破传统的思维框架，从而影响创新能力的发挥。

知识结构不完整还可能影响大学生在创新过程中的信息处理和跨学科合作。由于知识结构的不完整，大学生可能难以准确获取与创新相关的信息资源，无法进行深入的研究和分析。同时，缺乏全面的知识结构也会影响大学生与不同领域专家或团队的合作，使得创新过程中的交叉学科合作变得困难。

因此，针对大学生知识结构不完整对创新能力的影响，需要采取相关措施进行干预和提升。首先，大学教育应该强化知识结构的构建，注重知识的系统化和全面化，为大学生创新能力的发展打下坚实基础。其次，可以通过开展跨学科的教学和研究活动，鼓励大学生拓宽学科边界，加强各学科之间的交流与合作，以培养大学生的综合能力和创新能力。

（三）知识结构优化对提高创新能力的作用

在大学生创新能力的发展过程中，知识结构的优化能显著地提升创新能力。个体的知识结构是指个体对所掌握知识的组织和存储方式，它不仅包括知识的广度和深度，还涉及到知识之间的关联以及知识的应用能力。

知识结构的优化有助于拓宽大学生的知识广度。在知识结构优化的过程中，大学生将有机地整合不同学科领域的知识，从而增加了自己的知识广度。这样的拓宽有利于大学生对于问题的全面把握以及多方面思考，从而为创新提供了更为丰富的知识资源基础。

知识结构的优化有利于提高大学生的知识深度。通过对知识的系统整合和掌握，大学生能够更全面地理解和领悟知识的本质和内涵。在这个过程中，他们对于知识的抽象思维和分析能力也在不断提高。这种对于知识的深入理解将为创新提供坚实的基础，使大学生能够更有针对性地运用所学知识进行创新实践。

知识结构的优化还能培养大学生的跨学科能力。在知识结构的优化过程中，大学生接触的不仅仅是自己专业领域的知识，还包括与其相关的学科领域知识。这种跨学科的学习和思考能够培养大学生的综合运用能力和解决问题的能力。跨学科能力可以帮助大学生从不同的角度对问题进行思考和分析，从而为创新提供更为广阔的思维空间。

以上几方面的优化最终都将作用于大学生的创新意识和创造能力。通过对知识的深度理解和综合运用，大学生能够更好地发现问题、提出问题并进行创新思考。他们对于新领域、新问题的探索能力也会得到提高。这种创新意识和创造能力的培养是知识结构优化的重要成果，也是大学生创新能力提升的关键因素之一。

二、心理健康状况

（一）心理健康状况对创新能力的影响

心理健康是指个体心理上的良好状态，包括情绪稳定、适应能力强、自信心和积极态度等。心理健康状况直接影响着大学生的创新能力发展。其一，心理健康有助于大学生创新能力的发挥。一个心理健康的大学生通常具有较高的自我调节能力和适应能力，面对困难和挑战时能够保持积极的心态，这使得他们能够在创新过程中保持冷静和理性思考。

其二，心理健康状况对大学生创新能力的影响还表现在积极态度和自信心的形成。一个心理健康的大学生通常具备一定的自信心和积极态度，他们相信自己能够解决问题并取得成功。这种积极的心态和自信心能够激发大学生的创新潜能，并让他们更加勇敢地面对创新过程中的挑战，不怕失败、不怕困难。

其三，心理健康状况不良对大学生创新能力的负面影响也是不可忽视的。一些心理问题，如焦虑、压力过大等，可能导致大学生的创新能力受到限制。焦虑情绪使得大学生在创新过程中难以集中注意力、思维受限，而压力过大则可能使得他们对创新失去兴趣和动力。

（二）创新心态的培养与创新能力的关系

创新心态是指一个人对待创新活动时所体现的态度和心理状态。它是大学生创新能力发展过程中的重要因素。创新心态的培养对提升大学生的创新能力具有重要的影响。

创新心态的培养有助于激发大学生的创造力和想象力。一个拥有积极创新心态的人更能够开放思维，勇于尝试新的想法和方法，因此更容易产生创新的想法。在创新的过程中，大学生可以通过培养积极向上的心态以及鼓励自己尝试新颖的观点和解决问题的方法，从而增强创新能力。

创新心态的培养有助于培养大学生的团队合作意识。在现实生活中，创新往往需要多个人的协同合作。培养团队合作意识可以让大学生学会与他人合作、共同思考和解决问题。而拥有积极的创新心态，大学生更容易愿意与他人分享自己的想法，同时也更加开放和接纳他人的意见和建议，从而促进团队的创新能力的发展。

创新心态的培养有助于大学生克服失败。创新过程中，不可避免地会面临各种挑战和失败。拥有积极的创新心态的大学生能够从失败中总结经验，不轻易放弃，并勇于尝试新的方法和方案。通过积极反思和调整心态，他们能够克服困难，继续努力，并最终实现创新的突破。

（三）不健康心态对创新能力的制约

心理过程是不断变化着的、暂时性的，个体的心理特征是稳固的，而心理状态则介于二者之间，既有暂时性，又有稳固性，是心理和心理特征统一的表现。一个健康的心态对创新能力的发展起积极作用，而不健康的心态往往会制约创新能力的发展。

焦虑对创新能力的制约不容忽视。焦虑情绪常常导致大学生在创新过程中缺乏自信和勇气。他们担心失败、担心他人的评价，因而产生自我怀疑和回避创新的心态。这种心理障碍使得他们难以充分发挥自己的潜力，限制了创新能力的进一步提高。

压力过大对大学生创新能力的影响不可忽视。大学生面临来自学业、就业、社交等方面的压力，这些压力常常导致情绪的波动和心理负担的增加。当大学生过于担心负面影响时，他们往往难以集中精力，思维也会受到束缚，从而影响创新能力的发挥。

自我评价的固化也是会制约创新能力的发展。在创新过程中，大学生可能过于关注自己的能力和表现，对自己的能力存在片面的评价。当他们对自己的能力过于自信或过于怀疑时，都会影响创新的积极性和自主性。对于那些自我评价过低的大学生而言，他们容易在创新过程中退缩，缺乏自信及探索的精神。而那些自我评价过高的大学生，则可能过于自满，陷入舒适区，缺乏进一步改进和创新的动力。

三、思维方式

（一）思维定势对创新能力的制约

思维定势是指个体在解决问题时所形成的一种固定的思维模式，它使人们陷入一种固化的思维框架中，难以突破传统的观念和思考方式。在大学生的创新能力发展过程中，思维定势往往成为一种制约因素。

1. 限制了大学生创新思维的发展

由于思维定势的影响，大学生在面对问题时往往只会采用习惯的思考方式，无法从不同的角度和侧面去思考问题。他们往往缺乏开阔的视野和灵活的思维，无法发现新的问题和新的解决方法。因此，思维定势使得大学生无法在创新的道路上取得突破。

2. 阻碍了大学生创新能力的发挥

在问题解决过程中，思维定势导致大学生对问题的理解和分析受到了固定的限制。他们只会按照既定模式和逻辑去思考问题，而忽略了其他可能的解决途径和创新点。因此，思维定势使得大学生面对问题时缺乏灵活性和变通性，无法在解决问题时给出独特的见解和创新的思路。

（二）克服思维定势的方法

要克服思维定势对大学生创新能力的制约，有几个方面的培养是必要的。首先，大学生需要加强对自身思维定势的认知。他们应该意识到思维定势对创新能力的影响，并思考自己在思维定势方面的弱点和局限性。其次，大学生需要培养多元思维和跨学科思维。通过了解不同领域的知识和接触不同的思维模式，帮助自身打破原有的思维定势，拓展思维的广度和深度。最后，大学生应该积极参与创新活动和实践。通过实际的创新实践，大学生可以增强对创新的经验积累，培养创新的思维方式。

在思维定势对创新能力的影响方面，解决思维定势问题不仅需要大学生自身的积极调整，也需要学校和家庭的支持与鼓励。学校可以通过开设创新教育课程和组织创新竞赛等方式，培养大学生的创新思维。家庭可以鼓励和支持大学生尝试新的事物，提供创新的资源和环境背景。只有学校、家庭和大学生共同努力，才能不断培养大学生的创新思维，提升他们的创新能力。

（三）思维方式改变对创新能力的提升

创新能力的提升需要找到并改变不利于创新的思维方式。当前社会日新月异，创新以及创新能力已经成为大学生必备的核心能力之一。然而，传统的思维方式对于创新能力的发展存在一定的制约。因此，改变思维方式成为提升大学生创新能力的重要途径之一。

创新思维与传统思维的对比是理解思维方式改变的基础。传统思维往往是基于经验和固化的模式，倾向于依赖过去的经验和既定的方案。而创新思维则是敢于挑战常规，善于发现问题、解决问题和提出新观点。因此，改变思维方式就是要从传统思维的框架中解放出来，培养创新思维的能力。

思维定势对创新能力的影响不容忽视。人们在面临问题时往往会依赖以往的经验和既定的思维定式，这种思维定势使得创新能力受到一定的制约。因此，要培养大学生对于思维定势的反思和突破能力，使他们能够超越固有的思维模式，勇于打破常规，寻找新的解决方案和创新点。

思维方式的改变需要通过一定的培养和训练来实现。首先，我们可以通过鼓励大学生进行多元化的思考和探索来培养他们的创新思维。例如，在课堂上可以鼓励学生提出不同的观点和解决方案，进行小组讨论和思维碰撞。其次，创新思维的培养还可以通过开展创新工作坊、实践项目和创新竞赛等活动来进行。这些活动有助于培养学生的创造力、发散思维和解决问题的能力。

思维方式的改变对于大学生创新能力的提升具有积极的影响。一旦大学生能够改变思维方式，不再局限于传统的思维模式，有助于激发他们的创造力和创新潜力，使他们在解决问题、提出新观点以及面对未知挑战时更加自信和积极。

四、社会环境因素与学校环境因素

（一）社会环境对创新能力的影响

社会环境的开放程度对大学生创新能力的发展有着关键性影响。一个开放的社会环境能够提供广阔的创新机会和资源，激发大学生的创新思维和创新动力。相对而言，封闭的社会环境则可能限制大学生的创新空间，使他们在创新过程中缺乏实践机会和资源支持，从而制约了创新能力的提升。

社会文化对大学生创新能力的培养和发展也有重要的影响。社会文化的不同传统和价值观念会对人们的思维方式和行为习惯产生深远的影响。在一些社会文化中，创新被重视并鼓励，这种社会文化氛围下大学生更加乐于尝试新事物、勇于创新。而在另一些社会文化中，传统观念的约束可能使大学生持保守态度，限制了他们在创新领域的发展。

社会环境中的创新氛围也对大学生的创新能力产生影响。一个鼓励创新的社会环境能够培养大学生的创新意识和创新能力。例如，创新大赛、创新创业园等创新平台的建设将为大学生提供展示创新成果和锻炼创新能力的机会。此外，社会对创新者的肯定和支持也能够激励大学生充分发挥创新潜能。相反，缺乏创新氛围的社会环境可能会使大学生对创新产生抵触情绪，限制他们的创新能力的发挥。

因此，在社会环境因素方面，应当努力营造一个开放、包容、鼓励创新的社会环境。这需要社会各界共同努力，为大学生提供广阔的创新空间和丰富的资源，并重视培养创新文化，以激发大学生的创新潜能。同时，应当加大创新平台建设，以提供更多展示和发展创新能力的机会。只有这样，社会环境才能真正成为促进大学生创新能力发展的有利因素。

（二）学校环境对创新能力的影响

学校环境不仅包括学校所提供的教育资源和学术氛围，还涉及到学校的组织结构、教学方式以及教育管理等方面。学校环境的良好与否直接影响着学生是否能够充分发挥创新潜能。

学校环境对大学生创新能力的培养起着重要的引导作用。好的学校会提供丰富多样的创新资源，如专门的研究机构、实验室、创业基地等，这些资源为学生提供了良好的学习和实践平台。学校教师的素质和科研水平也直接关系到学生的创新能力。优秀的教师能够传授学科知识，激发学生的创新思维，指导学生进行创新项目的研究和实践。

学校环境对大学生创新能力的激发和培养起着重要的促进作用。学校组织的学术交流和创新比赛等活动，为学生提供了展示才华和创新成果的机会。这类活动的开展不仅有利于学生的学术研究，还能锻炼学生的创新思维和实践能力。学校还可以通过制定科研计划、开设创新课程等方式，引导学生主动参与创新活动，培养他们的创新能力。

学校环境应该营造一种良好的创新氛围和文化。学校可以组织创新论坛、创新展览等活动，增强学生对创新的兴趣和热情。学校领导和教师应该树立榜样，积极倡导创新精神和创新思维方式。同时，学校应该注重培养学生的团队合作能力和创新意识，鼓励学生在团队中展现个人才华，通过合作切磋和思想碰撞促进创新能力的提升。

五、家庭环境因素

（一）家庭教育对创新能力的影响

在大学生创新能力的形成和发展过程中，家庭教育不仅影响着学生的知识结构、心理素质和思维方式，还与社会环境因素、学校环境因素相互作用，共同影响着大学生的创新能力水平。

家庭是孩子的第一所学校，家庭教育在孩子们的成长过程中扮演着重要的角色。良好的家庭教育环境可以帮助大学生建立丰富的知识结构，培养良好的学习习惯和自主学习能力。父母的教育方式和态度直接影响着孩子对知识的态度和学习方法的选择。如果家庭教育注重培养孩子的创新思维和实践能力，鼓励他们自主解决问题，激发他们的自信心和创新意识，那么孩子的创新能力必将得到有效的培养。

家庭里的亲子关系和家庭氛围直接影响着大学生的情绪和心理状态。如果家庭中存在着积极向上的氛围和和谐稳定的亲子关系，大学生会更有动力和勇气去面对挑战，发挥自己的创新潜力。相反，如果家庭教育存在不良的亲子关系或家庭氛围激烈紧张，大学生的创新能力可能会受到负面影响，产生自卑或压力过大等心理状况。

家庭教育对大学生的思维方式起着重要的塑造作用，家庭教育中的教育内容和教育方法直接影响着孩子的思维方式和思考能力。如果家长在教育孩子时注重培养他们的思辨能力和创造能力，教他们灵活运用各种解决问题的方法和策略，那么大学生在面临新问题和新挑战时会更加灵活和积极主动，从而提升创新能力。

（二）家庭支持对创新能力的推动

在大学生创新能力的发展中，家庭支持起到至关重要的作用。家庭支持是指家庭成员在大学生的创新实践中给予的积极关注、支持和鼓励。家庭的支持可以为大学生提供必要的资源和条件，促使其充分发挥自己的创新潜能。

1. 为大学生提供良好的学习和创新氛围

一个温馨的家庭氛围能够激发大学生的创新灵感和学习的积极性。家庭成员可以给予大学生道路选择上的指导，提供精神支持，为其提供安心的学习和创新空间。

2. 通过情感上的支持来推动大学生的创新能力发展

家庭成员的鼓励和认可对大学生的自信心建立有着积极影响。他们的鼓励和支持可以让大学生在创新实践中面对挑战时保持积极的态度和勇于尝试的心态。同时，家庭的理解和支持还可以帮助大学生克服来自外界的困扰和压力，更加专注于创新实践。

3. 为大学生提供创新活动和机会

家庭成员还可以主动寻找与孩子兴趣和专业相关的创新机会，为他们提供参与创新实践的平台。这样，大学生将有更多的机会锻炼创新能力、展示才华，并与其他创新人才进行交流、合作。

第四章 大学生创业能力培养

第一节 大学生创业能力

一、机会识别能力

（一）机会识别能力的定义与理论基础

在创业过程中，机会识别能力能让创业者敏锐地发现并抓住潜在的商业机会，从而推动创业的成功。机会识别能力的定义主要基于创业学和创新学领域的理论基础。

根据创业学理论，机会识别能力可以被定义为创业者利用自身知识、信息和经验，通过对市场、环境和社会变化的敏锐感知，识别潜在的商业机会的能力。创业者通过对市场需求、技术变革、行业趋势等方面的观察和分析，捕捉到那些有利可图的商业机会，并将其转化为创新的商业模式和产品。

另外，创新学的理论基础也对机会识别能力的定义提供了重要参考。根据创新学的观点，机会识别能力也被定义为创业者在不确定性环境中，通过发现和解决问题的能力，识别出对现有市场和技术模式进行改进或创新的机会，从而实现商业成功的能力。创业者通过对市场、技术和社会变革的敏感觉察，发现那些既可以满足市场需求又具有商业可行性的机会，并将其转化为创新的商业模式和产品。

此外，心理学、行为经济学等相关领域的理论也对机会识别能力的定义提供了支持。研究表明，创业者的认知能力、信息处理能力以及对外界信号的敏感度等因素会直接影响机会识别能力的提高。创业者通过培养自己的观察、分析和判断能力，以及增强对市场、技术和社会变革的敏感度，将更容易识别出潜在的商业机会。

（二）机会识别能力的重要性

机会识别能力是大学生创业过程中至关重要的一项能力。在当今竞争激烈的创业环境中，机会识别能力的重要性不可忽视。

机会识别能力可以帮助大学生创业者从众多的商业机会中筛选出最具潜力和可行性的创业机会。通过准确识别和掌握市场的需求和趋势，大学生创业者可以更好地发现商业机会，为自己的创业项目奠定基础。

机会识别能力对于大学生创业者来说也意味着能够抓住并利用有限资源来实现创业目标。创业过程中，资源是有限的，而机会识别能力可以帮助大学生创业者在资源有限的情况下，找到最适合自己创业项目发展的资源，从而更好地实现创业目标。

机会识别能力能够帮助大学生创业者应对不确定的市场环境和风险。在创业过程中，市场环境经常发生变化，创业者面临着各种不确定性和风险。而具备较强的机会识别能力的大学生创业者可以更好地适应市场环境的变化，并能够预测和应对可能出现的风险，从而提高创业项目的成功概率。

（三）机会识别能力的提升策略

在大学生创业过程中，只有准确地识别、抓住并利用市场中潜在的商业机会，才能获得成功的创业经验。因此，如何提升大学生的机会识别能力成为了一个热门的研究话题。以下将从不同的角度探讨机会识别能力的提升策略。

1. 加强对市场的敏感度

大学生创业者应时刻保持对市场的关注，并对市场变化进行及时的跟踪和分析。可以通过阅读行业报告、参加行业会议、向专业人士请教等方式，了解市场的需求、趋势和竞争格局。只有对市场做到了如指掌，才能更容易地发现潜在商机。

2. 培养创造性思维

机会通常隐藏在问题之中，敏锐的创业者能够从问题中寻找到商业机会。因此，大学生创业者应当培养创造性思维，不断寻求新的解决方案和商业模式。可以通过参加创新性的活动、学习创新方法论以及与其他创业者进行交流等，来提高自己的创造力和问题解决能力。

3. 建立广泛的人脉

创业是一个社交活动，与合作伙伴、投资者、专业人士等建立良好的关系非常重要。通过参加创业活动、加入创业社群等方式，可以扩展人脉资源，获取更多的信息和机会。

4. 持续学习和积累知识

机会识别能力的提升需要不断地学习和积累相关领域的知识。大学生创业者可以通过参加培训课程、读相关的图书和学术论文、进行实地调研等方式，深入了解行业的知识和技能。只有不断地学习和积累，才能逐渐提高自己的机会识别能力。

二、风险决策能力

（一）风险决策能力的概念

风险决策能力是指个体在面临不确定性和风险的情境下，能够准确识别风险并做出明智的决策的能力。在创业过程中，风险决策能力的重要性不言而喻。首先，创业本身就是一个充满风险的过程，创业者需要具备敏锐的风险识别能力来发现潜在的风险点。其次，创业者需要对不同风险进行准确的判断和评估，以便在面对不同的选择时能够做出正确的决策。最后，创业者还需要具备勇气和决心去承担一定的风险，同时也要能够灵活应对风险。

（二）风险决策能力在创业中的应用与分析

在创业中，创业者常面临着各种不确定性和风险，需要做出相应的决策以降低风险并实现创业目标。风险决策能力的应用和分析对于创业的成功至关重要。

风险决策能力体现在对风险的认知和理解上。创业者需要深入分析市场环境、竞争对手、资源限制等因素，并准确识别和评估风险。通过对风险的分析，创业者可以找到适合自己的创业机会，并制定相应的应对策略。

风险决策能力还表现为在不确定的情况下做出明智的决策。创业过程中常常伴随着不确定性，创业者需要面对各种可能的情景，包括市场变化、政策调整、技术创新等。在这样的情况下，创业者需要主动获取信息，进行风险评估，并决策出最佳的方案来应对不确定性。

在创业中，风险决策能力的应用还体现在对资源的合理调配上。创业者常常会面临各种资源的限制，包括资金、人力、技术等。创业者需要进行风险评估，确定如何合理分配有限的资源以达到最佳效益。

在创业风险决策能力的应用中，创业者还需要注重监控和评估决策的效果。创业过程中的决策不仅仅是一时的选择，而是需要不断进行优化和调整。创业者应该及时反馈和评估决策的结果，并根据实际情况进行修正。

（三）风险决策能力的培养方法

风险决策能力作为大学生创业需要具备的一项重要能力，可以通过有效的培养方法进行提升，以下将介绍几种可行的培养方法。

1. 参与创业实践

通过参与实际创业项目，大学生可以接触到真实的商业环境和风险挑战，从而加深对风险决策的认识和理解。在实践中，他们可以学会如何分析和评估创业项目中的各种风险因素，以及如何明智决策。创业实践还可以帮助大学生培养勇于冒险和承担风险的精神，提高应对不确定性的能力。

2. 专业培训和知识学习

大学生可以参加与创业风险决策相关的培训课程或研讨会，学习风险管理理论和方法。通过系统学习，他们可以了解各种常见的风险类型和规避策略，掌握风险评估和决策分析的技巧。此外，还可以通过阅读相关的学术文章、专业书籍和案例分析，拓宽视野，增加知识储备，为创业风险决策提供理论支持。

3. 与成功创业者交流和合作

大学生可以主动寻求机会与经验丰富的创业者进行沟通和交流，了解他们的创业经历和决策经验。通过与创业成功者交流观点和经验，大学生可以学习到更多的决策技巧和行业认知，从而提高自身的风险决策能力。此外，可以与创业者共同合作开展创业项目，通过亲身参与实践，更好地理解和应用创业风险决策的思维方式和方法。

4. 综合练习和模拟决策

通过参与各种决策游戏、案例分析、模拟创业等活动，大学生可以在虚拟的环境下模拟真实的创业决策过程，提高决策能力和应变能力。这种练习可以帮助大学生熟悉风险决策的步骤和方法，培养敏锐的风险感知能力和全面的信息收集能力。通过不断的实践和反思，大学生可以不断改进自己的决策能力，为未来的创业道路做好准备。

三、战略管理能力

（一）战略管理能力的含义

战略管理能力指的是在创业过程中制定、实施和调整战略的能力。它包括对市场、竞争环境和资源分配等因素进行全面的分析和判断，并在此基础上制定出合适的战略。

战略管理主要包括环境分析、战略制定、战略实施和战略评估等方面。在环境分析阶段，创业者需要全面了解市场的需求和竞争对手的情况，并对自身的资源和优势有清晰的认识。在这个基础上，创业者可以制定出切实可行的战略目标和战略方针。

战略制定阶段是制定具体战略方案的过程，创业者需要根据环境分析的结果和企业自身的特点来选择最适合的战略路径。这个过程中，创业者需要考虑到市场的发展趋势、竞争对手的策略以及企业内部的资源配置等因素，以确保战略的有效性和可持续性。

战略实施是将战略转化为实际行动的阶段。在这个过程中，创业者需要明确目标、分配资源、组织团队、制定计划，以及监控战略的执行情况。同时，创业者还需要及时调整战略，在市场变化和竞争环境变化的情况下灵活应对，保持战略的有效性。

战略评估阶段是对战略实施效果的评估和反思。创业者需要通过定期的绩效评估和战略回顾，对战略的成效进行检验，并根据评估结果来调整和优化战略。这个过程中，创业者可以借鉴其他成功企业的经验，学习其战略管理的优点，并将其应用到自身的创业实践中。

（二）战略管理能力对创业的影响

战略管理能力是指对企业内外部环境进行全面分析和判断，确定企业发展的长期目标和战略行动方案的能力。在大学生创业过程中，战略管理能力不仅可以帮助大学生创业者更好地把握机会，还可以帮助其应对风险并规划未来的发展方向。

战略管理能力可以帮助大学生创业者识别和把握创业机会。创业机会是创业成功的基石，而大学生创业者往往处于资源和信息不足的状态。通过运用战略管理工具和方法，他们可以对市场进行深入分析，了解市场需求和竞争状况，发现有利于创业的机会。同时，战略管理能力还可以帮助他们评估和选择不同的机会，确定最具潜力和可行性的创业方向。

战略管理能力对于创业过程中的风险决策起到重要的指导作用。创业过程中充满了不确定性和风险，大学生创业者面临着各种内外部的挑战和风险因素。战略管理能力使他们能够对这些风险进行预测和评估，制定相应的风险管理策略。同时，它还可以帮助他们做出关键性的决策，如资金投入、市场扩张、合作伙伴选择等，将风险最小化并实现企业长远发展。

战略管理能力对于大学生创业者来说，还具有开拓创新的作用。创业是一个创新的过程，要在竞争激烈的市场中取得优势，必须不断地进行创新。战略管理能力可以帮助大学生创业者识别出创新的机会和趋势，并通过制定创新战略和实施创新活动来推动企业的增长和发展。

战略管理能力还可以帮助大学生创业者构建有效的创业网络和进行组织管理。创业网络对于创业者来说非常重要，它可以提供资源、信息和合作机会。通过战略管理能力的应用，大学生创业者可以更好地理解和运用创业网络，并建立稳固的合作关系，为企业的发展提供支持和帮助。此外，战略管理能力还可以指导和优化组织的运营和管理，确保企业能够高效地实施创新战略并实现战略目标。

（三）战略管理能力的提升路径

第一，学习和掌握战略管理的基本理论框架。他们可以通过阅读相关的学术论文、专业书籍以及参加相关的课程来提高对战略管理的理论理解。在了解基本理论框架的基础上，他们需要学会将这些理论应用到实际的创业项目中。通过参与创业实践或者与创业者进行深入的交流与讨论，大学生可以将理论知识与实践经验相结合，进一步提升他们的战略管理能力。

第二，不断扩展他们的视野。可以通过参加相关的创业交流会议、创业沙龙等活动，增加对各行业的了解，了解不同企业的发展策略以及成功的战略管理经验。通过与各类创业者的交流，大学生可以不断拓宽思维，从中获得灵感与启迪，提高他们的战略管理能力。

第三，参与各种创业实践活动来提升战略管理能力。创业实践活动可以包括创业比赛、创业培训、创业讲座等。这些活动为大学生提供了一个实践的平台，他们可以在真实的环境中应用战略管理知识和技巧，丰富实践经验和提高他们的能力。

四、开拓创新能力

（一）开拓创新能力的含义

开拓创新能力是指大学生在创业过程中探索新市场、开发新产品、应用新技术等方面的能力。开拓创新能力的理论基础包括市场变革理论、创新理论、资源配置理论等。

在市场发生变革时，大学生创业者需要具备开拓创新能力来适应和应对市场的不断变化。市场变革是一种持续的、不可避免的现象，而开拓创新能力的作用就是帮助大学生创业者及时掌握市场动态，并针对市场变化进行相应的创新和调整。通过开拓创新能力，大学生创业者可以发现新的市场机会，挖掘潜在需求，为自己的创业项目提供更多的发展空间。

在开发新产品方面，开拓创新能力能够帮助大学生创业者不断推陈出新，不断研发出具有市场竞争力的新产品。创业者可以对市场上已有的产品进行细致的观察和分析，从中发现不足之处，并通过自己的创新思维来改进和优化产品，以满足消费者的需求和期望。

另外，对新技术的应用也是开拓创新能力的重要表现之一。在当前快速发展的科技领域，新技术的不断涌现为大学生创业提供了前所未有的机遇。开拓创新能力使创业者能够及时了解新技术的发展趋势，掌握新技术的应用方法，并将其运用到自己的创业项目中。通过应用新技术，创业者可以提升产品的竞争力，提高创业项目的效率和质量。

开拓创新能力在大学生创业中具有重要作用。它帮助创业者适应市场变革，发展新产品，应用新技术，并为创业项目提供创新和发展的动力。因此，大学生创业者应该注重培养和提升自身的开拓创新能力，不断提升自己的观察力、想象力和创造力，以实现个人创业目标。

（二）开拓创新能力的培养与提升

在如今快速变化的社会环境中，创新已经成为各行各业的核心竞争力。大学生创业者应该具备开拓创新能力，以应对市场的不断变化和竞争的激烈。

开拓创新能力的培养可以通过不断学习和自我提升来实现。大学生创业者应该不断扩充自己的知识面，积极参与各类创新活动和讨论，以增加自己对创新的了解和理解。此外，他们还应该关注行业和市场的新趋势和发展动态，及时调整自己的创新思路和策略。

提升开拓创新能力需要大学生创业者具备积极的思维方式。积极的思维方式可以促使他们勇于尝试新事物、挑战传统观念，并且敢于接受失败和挫折。创新是一个需要不断试错和修正的过程，只有不断遇到问题、解决问题，才能不断提升自己的创新能力。

要培养开拓创新能力，大学生创业者还应加强与创新相关的实践。通过参与创业实践课程、创业比赛、创业实习等活动，拓宽视野，锻炼和提升自己的创新能力。

此外，及时反馈和总结也是提升开拓创新能力的重要环节。大学生创业者应将自己的创新实践纳入到持续性的反思和总结中，总结并汲取经验教训，不断优化自己的创新方法和策略。通过反馈和总结，他们可以更好地适应市场需求，发现潜在的创新机会。

五、创业网络构建能力

（一）创业网络构建能力的重要性

创业网络构建能力能帮助创业者建立广泛而稳固的社会关系网络，有效地利用关系网络来获得资源、支持和合作机会。

创业网络构建能力能够为创业者提供丰富的资源。在创业过程中，创业者需要获取各种资源，如资金、技术、市场信息等。通过与各种社会关系网络建立起联系，创业者可以更容易地获得这些资源。例如，通过建立与投资者的关系，创业者可以获得资金支持，从而增加公司的发展资本。此外，通过与行业专家和导师建立联系，创业者可以获取宝贵的经验和建议，帮助他们在创业过程中规避一些常见的错误。

创业网络构建能力能够帮助大学生创业者获得更多的合作机会。在创业过程中，合作伙伴的选择对于创业者的成功至关重要。通过创业网络的构建，创业者可以接触到更多有意愿并具有潜力的合作伙伴。例如，在创业过程中，创业者可能需要与供应商、合作伙伴或其他创业者进行合作。通过创业网络，创业者可以了解到更多的合作机会，并找到最适合自己的合作伙伴。这样，创业者不仅能够节省时间和精力，还能够提高合作的效率和质量。

值得注意的是，创业网络构建能力的重要性不仅在于获得资源和合作机会，还在于在市场竞争中获得持续的竞争优势。创业者通过与行业内的关键人士建立联系，可以获取市场信息、了解行业趋势，并及时调整自己的创业策略。此外，通过与行业领导者建立联系，创业者可以获得行业内的认可和信任，从而提高企业的影响力和竞争力。

因此，创业网络构建能力作为大学生创业过程中的关键能力，对于创业者的成功至关重要。创业者应该注重发展自身的社会关系网络，并积极主动地参与社会活动和行业交流，在创业网络中寻找资源、合作机会和市场信息。同时，创业者应该注重维护和管理自己的创业网络，在与他人建立关系时要诚信、积极和持久。

（二）构建创业网络的策略

创业网络构建能力是指大学生创业者在创业过程中建立和维护良好的人脉关系，以达到资源共享、信息交流和合作创新目的的能力。在竞争激烈的创业环境中，创业者需要具备开拓创新和构建创业网络的能力，以获得更多的资源支持和市场机会。

首先，创业者应该注重个人的人际交往能力。主动参加行业内的创业活动及各类创业大赛和展览，锻炼自己的社交能力，结交更多的合作伙伴、投资人和创业导师。

其次，创业者还应该积极利用社交媒体和互联网平台来构建自己的创业网络。通过在社交媒体上发布关于自己创业项目的信息，与潜在顾客、业务合作伙伴和投资人建立联系。此外，创业者还可以参加各类创业社区或行业协会的线上讨论和交流活动，与同行进行经验分享和资源整合。

再次，创业者应该主动参与各类创业培训和项目孵化活动。这些培训和项目孵化活动不仅可以提供相关创业知识和技能的培训，还可以提供创业者与各种资源（包括资金、人才和技术支持）的对接平台。通过参与这些活动，创业者可以结识更多志同道合的创业者，共同探讨解决方案和寻求合作机会。

最后，创业者还应该积极参与行业内的各类展会、论坛和讲座等活动。这些活动为创业者提供了与各种合作伙伴、潜在顾客面对面交流的机会。通过参加这些活动，创业者可以收集行业内的最新信息，了解市场的需求和发展趋势，并与其他创业者进行交流和合作。

第二节　大学生创业能力培养策略

一、大学生创业意识的培养

（一）创业意识的内涵

创业意识是指大学生对创业的认识、理解和态度。它包括了对市场机遇的敏感度、对创新的追求、对风险的应对能力以及对资源整合的能力等方面。在当前竞争日益激烈的社会环境下，大学生创业意识的培养显得尤为重要。

创业意识包括对市场机遇的敏感度。创业者的成功与否往往取决于他们对市场趋势和机遇的把握能力。大学生创业意识的培养需要注重培养学生的市场敏感性，使他们能够及时捕捉到新兴行业和市场需求的变化。

创业意识涉及对创新的追求。创业者需要不断创新，寻找新的商业模式和产品。大学生创业意识的培养应该注重培养学生的创新思维和创新能力。

创业意识的内涵还包括对风险的应对意识。创业风险是创业者面临的重要挑战之一。大学生创业意识的培养需要注重培养学生的风险意识和风险应对能力。

创业意识的内涵还涉及对资源的整合。创业者需要善于整合和利用各种资源，包括人力资源、资金资源、技术资源等。大学生创业意识的培养需要注重培养学生的资源整合能力。

（二）培养大学生创业意识的途径

1. 增加实践机会

为了培养大学生的创业意识，学校应该积极为学生提供丰富的实践机会。例如，可以组织创业讲座、创业比赛等活动，邀请成功创业者来校园分享经验。这些实践活动可以帮助学生了解创业的过程与挑战，激发他们的创业兴趣和意识。

2. 强化创新教育

创新教育是培养大学生创业意识的重要途径。学校可以开设相关的创新创业课程，如创新思维开发、商业模式设计等，帮助学生掌握创业相关的知识和技能。同时，还可以鼓励学生参加创新实践项目，如科技创新竞赛、创业创新实训等，培养他们的创新能力，增加实践经验。

3. 加强实习实训

学校应该积极与企业建立合作关系，为学生提供丰富的实习机会。通过实习实训，学生可以接触到真实的商业环境，了解创业所需的各种技能和知识。

4. 激发创业思维

为了培养大学生的创业意识，学校可以通过一系列的活动激发学生的创业思维。例如，可以组织创业思维培训班、创意大赛等，鼓励学生提出创新的创业想法。同时，还可以建立创业导师制度，为学生提供指导和支持，推动他们创业思维的发展。

二、大学生创业知识体系的构建

（一）创业知识的分类

对创业知识进行分类可以帮助大学生系统地了解和掌握各个方面的创业知识，为他们的创业实践提供有针对性的指导。根据创业知识的不同内容和性质，可以将其分为以下几个方面。

1. 商业知识

商业知识是大学生创业中最基础也是最重要的知识。它包括市场营销、财务管理、人力资源管理等方面的知识。市场营销知识可以帮助大学生了解市场需求和竞争情况，从而制定出切实可行的营销策略。财务管理知识可以帮助大学生理解企业的财务状况和运作情况，并且做出正确的财务决策。人力资源管理知识可以帮助大学生了解如何有效地管理和激励团队成员，从而提高企业的整体竞争力。

2. 行业知识

行业知识是大学生创业知识的重要组成部分。大学生创业涉及到的行业可能各不相同，因此他们需要掌握相应行业的专业知识。比如，如果大学生想要创业开一家咖啡店，他们就需要了解咖啡行业的发展趋势、消费者需求、竞争对手等方面的知识。只有了解了行业知识，大学生才能在激烈的市场竞争中找到自己的定位，并做出正确的决策。

3. 法律知识

法律知识对于大学生创业来说至关重要。大学生在创业过程中需要与各种各样的法律法规打交道，比如公司注册、合同签订等。因此，大学生需要了解相关的法律知识，在创业过程中遵纪守法。

4. 创新知识

创新知识是大学生创业中的核心内容。大学生要想在竞争激烈的市场中创业成功，就必须具备创新能力。创新知识包括创新思维、创新方法和创新文化等方面的知识。创新思维能够帮助大学生敏锐地洞察市场动向，提升解决问题的能力。创新方法可以帮助大学生找到创新的方向和实施创新的路径，从而提高创新的效果。创新文化可以潜移默化地让大学生形成积极向上的创业态度和创新意识。

（二）大学生构建创业知识体系的方法

1. 了解创业知识的分类

在构建创业知识体系之前，我们首先要了解创业知识的分类。创业知识可以分为商业知识、行业知识、法律知识、创新知识等。了解这些不同类型的创业知识有助于我们更好地进行知识的构建和应用。

2. 研究文献和咨询专家

通过查阅相关书籍、论文以及行业分析报告等文献资料，可以了解到各个方面的创业知识。而咨询专家则是通过与创业领域的专家进行交流和访谈，获取他们的经验教训和行业见解。

3. 实践案例的研究和分析

研究和分析实践案例也是构建大学生创业知识体系的重要方法。通过对成功和失败的创业案例进行深入研究和分析，可以了解到创业过程中的挑战、机遇和成功要素。实践案例的研究有助于我们从他人的经验中获得启示，避免犯同样的错误，并借鉴成功案例中的创新思路和策略，从而提升自己的创业知识。

4. 参加创业教育和培训

创业教育和培训课程也是大学生创业知识的重要来源。很多大学和创业企业都开设了相关的课程，通过系统化的课程安排和实践环节，帮助学生系统地掌握创业知识，为大学生提供了一个全方位的创业知识构建平台。

三、大学生创业技能的提升

（一）创业技能的分类

根据创业实践的要求和创业者的能力需求，我们可以将创业技能分为市场营销技能、财务管理技能、团队管理技能、创新与创造力等。

1. 市场营销技能

市场营销是创业成功的基础，创业者需要具备市场调研、市场定位、营销策划等能力，以满足不同消费者的需求，并有效推广自己的产品或服务。通过市场营销技能的提升，大学生创业者可以更好地把握市场变化，挖掘商机，增加产品或服务的竞争力。

2. 财务管理技能

创业者需要具备财务管理的基本知识，包括财务预算、成本控制、财务报表分析等。通过掌握财务管理技能，大学生创业者可以更好地控制成本，合理分配资金，降低创业风险，提高企业的盈利能力。

3. 团队管理技能

创业往往需要团队合作，大学生创业者需要具备团队管理的能力，包括招聘、培养和激励团队成员，制定团队目标和工作计划，建立良好的团队沟通和协作机制。通过团队管理技能的提升，大学生创业者可以更好地组建高效团队，实现资源优化配置，实现创业目标。

4. 创新与创造力

创业创新是推动企业发展的动力，创新能力是大学生创业者的核心竞争力。大学生创业者需要具备创新思维和创造力，敢于尝试新的商业模式，发掘新的商业机会。通过创新与创造力的提升，大学生创业者可以不断创新产品或服务，满足市场需求，实现企业的快速发展。

（二）大学生创业技能的提升方法

在大学生创业过程中，技能的提升对于他们的创业之路具有重要的支撑作用。针对大学生创业技能的提升，我们可以从以下几个方面着手。

1. 培养学生的市场分析能力

在创业过程中，市场分析是至关重要的一环。大学生创业者应具备对市场需求的洞察力，能够准确分析目标市场的特点和消费者的需求。为了提升学生的市场分析能力，学校可以设置相关的课程，如市场营销、市场调研、市场规划等课程，同时鼓励学生参与市场调研实践活动，通过实际接触市场，学习分析市场的方法和技巧。

2. 加强创业者的团队合作能力

创业往往需要团队协作，而团队合作能力对于创业者的重要性不言而喻。为了提升学生的团队合作能力，学校可以开展团队项目，组织学生参与团队合作训练，让他们在实际操作中学习如何与团队成员相互配合、如何分工合作、如何解决团队合作过程中的问题。此外，学校还可以开设相关的课程，如团队管理与领导力培训，帮助学生提升团队协作能力。

3. 注重培养学生的创新能力

创新是创业的核心要素之一。为了培养学生的创新能力，学校可以开设创新创业实践课程，为学生提供自主创新的机会。此外，学校还可以鼓励学生参与创新创业竞赛，促使学生在竞争中不断提升创新思维和创新能力。同时，学校还应加强学术研究与实践的结合，鼓励学生在科研项目中提供创新解决方案。

4. 重视学生的沟通与表达能力培养

在创业过程中，良好的沟通与表达能力是与合作伙伴、投资者、客户等进行有效交流的基础。为了提升学生的沟通与表达能力，学校可以组织相应的培训课程，如演讲技巧、公众演讲等，帮助学生提升沟通的能力。此外，学校还可以鼓励学生参与社团、学生组织等，进行真实场景下的沟通与表达锻炼。

（三）大学生创业技能的应用实例

通过实际案例的介绍和分析，可以帮助学生更深入地理解和掌握创业技能的具体运用。以下是一些大学生创业技能的应用实例，旨在为同学们提供一些启示和借鉴。

市场调研是创业过程中至关重要的一环。以某校学生创业团队为例，他们想要开设一家专门销售健康食品的店铺。在进行市场调研时，他们关注到这个区域的居民对健康食品的需求日益增长。通过与潜在顾客的面对面交流和互动，他们了解到有机和天然食品的市场需求很大。基于这一调研结果，他们决定在店铺中重点推出有机食品，并通过精心设计的宣传策略来吸引目标消费群体。

创业团队需要具备良好的团队合作默契。举一个在大学生创业比赛中获奖的团队为例，他们团队合作推出了一款创新的社交媒体平台。在这个团队中，每个成员都有明确的职责分工，并且能够充分利用各自的优势互相补充。他们经常进行沟通和协商，及时解决团队中出现的问题。这种团队合作的方式不仅使他们在产品开发和推广过程中事半功倍，还加深了成员之间的信任和凝聚力。

此外，创业者还需要运用营销技巧来推广自己的产品或服务。例如，一位大学生创业者通过在线社交平台开展个人品牌推广。他利用自身在某领域的专业知识，通过发布精心制作的教育视频、分享有价值的资讯，吸引了大量关注者，并且建立起了自己的影响力。这不仅为他的创业项目带来了曝光度，还为他在行业中树立了良好的声誉。

四、大学生创业精神的培养

（一）创业精神的内涵

创业精神是指在创业者的主观世界里，那些具有开创性的思想、观念、个性、意志、作风和品质等

具备创业精神的创业者有积极乐观的态度。创业之路充满挑战和风险，但对于有创业精神的大学生而言，他们能够从困境中看到机遇，从挫折中看到成长的可能。他们具备一种积极向上的心态，能够持之以恒地坚持追逐自己的梦想。

具备创业精神的创业者有敢于冒险和探索的品质。在创业过程中，往往需要冒险、试错，甚至是有时候要进行不确定性决策，这就要求大学生具备敢于承担风险的勇气。同时，他们也需要有勇于探索未知领域的能力，不断学习和积累新的知识和技能。

有创业精神的创业者能够适应和应对不断变化的环境和形势。创业是一个不断变化的过程，市场、竞争、技术等方面都可能发生变化。具有创业精神的大学生能够敏锐地捕捉到环境和形势的变化，并能够及时做出相应的调整和应对。他们适应性强，能够主动地改变自己的计划和策略，以适应不同的情况。

（二）培养大学生创业精神的措施

第一，可以通过创业教育，向大学生传授创业的基本知识和技能。在课堂上，教授创业的理论知识，介绍创业的步骤和流程，还可以邀请一些成功的创业者来讲课，分享他们的创业经验和故事。通过这样的教育，大学生可以了解到创业需要具备的基本素质和能力，增强他们的创业信心和决心。

第二，可以积极组织一些创业实践活动，让大学生亲身参与其中。例如，可以组织创业比赛或创业项目的培训营，让学生在实践中学习和体验创业。这样的实践活动可以让大学生接触到真实的创业环境和挑战，锻炼他们适应不同环境的能力。

第三，可以引导大学生参与社会实践和社会服务活动。通过参与社区服务、做社会义工等，让大学生深入了解社会的需求和问题，培养他们关爱社会、乐于奉献、乐观积极的精神。同时，可以鼓励大学生针对社会问题提出创业项目和解决方案，激发他们的创业潜力和社会责任感。

第五章　大学生创业准备与团队构建

第一节　大学生创业前的准备

一、确定创业意向

（一）创业意向的形成及其影响因素

创业意向是指大学生决定从事创业活动的内在动机和倾向。大学生创业意向的形成是一个复杂的过程，受到多种因素的影响。

影响大学生创业意向的因素可以分为个人内部因素和外部环境因素。个人内部因素包括个人的兴趣、能力、经验、价值观以及人格特征等。大学生们对于自己所喜欢的领域和行业往往更具有较高的创业意愿。此外，他们所具备的专业知识和技能会对创业意向的形成产生重要影响。在创业过程中，个人的经验和技能将成为决定创业成功与否的重要因素。另外，个人的价值观和人格特征也会影响创业意向的形成。例如，乐观向上的人更容易对创业抱有积极的态度，而风险厌恶或过于保守的人则可能对创业持消极态度。

外部环境因素对大学生创业意向的形成同样起着重要的作用。这些因素包括社会经济环境、家庭背景、教育培养等。社会经济环境的变化会直接影响大学生创业意向。当社会经济发展迅速、创业机会较多且风险较小时，大学生们更有可能选择创业。家庭背景对大学生创业意向也有着重要的影响。家庭创业文化和家庭的支持可以增强大学生对创业的兴趣与信心。另外，教育培养也会对大学生的创业意向产生影响。相关的创业教育和培训将帮助大学生了解创业的机会与挑战，并提供必要的知识和技能。

（二）大学生创业意向的确定

大学生确定创业意向需要综合考虑多个方面，包括个人兴趣、专业背景、市场需求、资源和经验等。

兴趣和激情。对于大学生来说，选择自己感兴趣的领域进行创业往往更容易取得成功。因此，在确定创业意向时，需要考虑自己的兴趣和激情所在。

专业背景和市场需求。在选择创业领域时，需要考虑自己的专业背景和市场需求。如果自己的专业背景与某个领域相关，那么这可能是创业的一个优势。同时，了解市场需求和趋势也是确定创业意向的重要因素，市场需求大或市场发展趋势好的方向往往更容易创业成功。

资源和经验。在选择创业领域时，需要考虑是否有合适的合作伙伴、是否有足够的资金支持、是否有相关的技能和经验等。这些因素将直接影响创业的成功与否。

市场潜力和商业机会。这包括目标市场的规模、发展前景、消费者需求等。同时，也需要考虑自己所选择的领域是否具有商业机会和竞争优势。

学习和成长。创业是一个不断学习和成长的过程，选择适合自己的领域可以更好地锻炼自己的能力和技能，从而实现个人成长。

二、创业项目选择

（一）创业项目的选择标准

在确定创业项目时，大学生需要根据一定的选择标准来评估和筛选潜在的项目。这些标准可以帮助创业者辨别出具有商业潜力和可行性的项目，从而提高创业成功的可能性。

1. 市场需求

创业者应该关注潜在市场的规模、增长趋势和竞争情况。一个具有巨大市场需求的项目往往更有利于吸引潜在客户和实现盈利。

2. 技术或专业知识要求

创业者应该评估自身是否具备所选项目所需的技能和专业知识。如果在该领域具备优势，那么选择这个项目就更有优势，可以更好地应对市场竞争和技术创新。

3. 成本和利润潜力

创业者需要评估项目的启动成本、运营成本和预期盈利水平。一个成本控制合理、预期盈利可观的项目往往更具吸引力。

4. 社会和环境影响

创业者应该关注项目对社会和环境的影响，选择那些能可持续发展，具有社会责任感和环保意识的项目。

5. 创业者个人的兴趣、技能和价值观

一个符合创业者个人兴趣和价值观的项目，能够激发更大的创业热情和动力，更有可能取得成功。

（二）创业项目的选择过程

大学生往往要经过一系列的筛选和评估，选择出最适合自己的创业项目。这个过程就是创业项目的选择过程，以下就介绍一下创业项目的选择过程。

首先，大学生应该对自身的兴趣和技能进行梳理和分析。了解自己的优势和潜力能够帮助大学生更好地寻找适合自己的创业项目。例如，某学生对 IT 行业非常感兴趣，他可以寻找在这个领域寻找创业机会。

其次，大学生还需要进行市场调研。市场调研可以帮助大学生了解目标市场的需求和趋势，以及竞争对手的情况。通过分析市场调研数据，大学生可以找到有需求但竞争相对较小的创业项目。例如，目前健康养生市场呈现出快速增长的趋势，对于有相关兴趣和专业知识的大学生来说，可以寻找创业的机会。

再次，大学生需要进行商业模式的设计和规划。商业模式是创业项目成功的重要基础，大学生需要仔细考虑产品或服务的核心竞争力、盈利模式、市场定位等。

最后，大学生需要进行项目的可行性分析。这包括对项目的市场前景、技术可行性、资金可行性等方面的评估。大学生应该综合考虑各种因素，权衡利弊，判断项目是否具备可行性。

（三）创业项目的选择决策

在确定了创业项目的选择标准和经历了创业项目的选择过程之后，大学生们需要做出最终的创业项目选择决策。创业项目的选择决策是整个创业过程中的一个十分重要的环节，它将直接影响到大学生创业的成败，因此要综合各方面情况，慎重决策。

大学生们在做出创业项目选择决策时应充分考虑自身的资源和能力。他们需要评估自己在技术、市场、管理等方面的能力，并与所选择的创业项目的需求进行匹配。只有当大学生们拥有足够的资源和能力去支持和推动所选择的创业项目时，才能够确保其成功。

大学生们需要综合考虑市场需求和项目发展前景。他们需要对所选择的创业项目所涉及的市场进行深入研究和分析，了解市场容量、竞争情况、发展趋势等。通过对市场需求和项目前景的评估，大学生们可以判断出所选择的创业项目是否具有较好的发展潜力和增长空间。

大学生们在创业项目选择决策过程中还需要考虑风险和回报。创业本身就是伴随着风险的，因此大学生们需要评估所选择的创业项目所面临的风险，并进行风险把控。同时，他们也需要关注创业项目的回报，并通过对市场、竞争和发展前景的分析，评估创业项目是否能够带来较好的经济回报和自身发展机会。

在创业项目的选择决策中，大学生们还应充分运用决策工具和方法，如决策树、SWOT分析（态势分析）、投资回报率分析等，对不同的创业项目进行评估和比较。这些工具和方法可以帮助大学生们以客观、科学的方式做出决策，减少主观影响，并提高决策的准确性和可靠性。

三、创业项目的评估

（一）创业项目的风险评估

创业项目的风险评估是大学生进行创业前必须仔细考虑的一项工作。创业过程中存在着各种风险和挑战，而风险评估的目的就是要准确地识别和评估这些潜在的风险因素，以便为创业者的决策提供参考。

1. 市场风险

创业者需要了解所选择的市场是否具有持续的需求和发展潜力。市场风险包括市场规模、市场竞争、市场变化等因素。对市场进行全面的调查和分析，了解目标市场的发展趋势、竞争对手的情况以及顾客的需求变化等，能更好地评估创业项目的市场风险。

2. 技术风险

对于依赖于技术创新的项目，创业者需要评估项目所涉及的技术难题和技术可行性。技术风险包括技术研发的成本、技术难度、技术可行性等因素。创业者需要确定项目所需的技术自身能否有效地掌握和应用，避免因技术问题而导致的风险。

3. 财务风险

创业者需要准确地估算项目开展所需的资金投入和收益情况，评估项目的盈利能力和回报周期。财务风险包括项目投资回收的时间、项目成本和收益之间的平衡、项目融资的难易程度等。创业者需要对项目的财务状况进行全面的评估，确保项目的财务可行性和盈利能力。

4. 法律风险

创业者需要了解并遵守相关的法律法规，避免因违法违规行为而导致的风险。创业者需要咨询法律专家，确保项目在法律框架内合规经营，降低法律风险。

（二）创业项目的市场评估

创业项目的市场评估是确定创业项目是否具备可行性和发展潜力的重要一环。在市场评估中，要对所选择的创业项目所属的市场进行全面的调研分析，包括对市场规模、市场竞争格局、市场需求趋势等相关信息的收集和整理。通过对市场规模的估算，能够为创业者提供一个清晰的市场容量预测，帮助其判断市场是否具备足够的潜力支撑创业项目的发展。

创业项目的市场评估还需要对目标市场的竞争格局进行综合分析。创业者需要了解目标市场的竞争者数量、市场份额分布以及各竞争者的核心竞争优势和产品特点。通过对竞争格局的研究，创业者可以评估自己的创业项目在市场中的竞争位置，并据此制定相应的竞争策略。

市场评估也应该关注市场需求的变化趋势。了解目标市场的需求变化对于制定创业项目的产品定位和市场推广策略至关重要。创业者需要关注市场中的新兴趋势、消费者偏好的改变以及潜在需求的变化，以便及时调整产品或服务的定位，提供符合市场需求的解决方案。

除了市场规模、竞争格局和市场需求的评估，还应该考虑市场的发展潜力。创业者需要对市场的成长性进行评估，判断市场是否具备长期稳定发展的条件。这可以通过对市场的研究和趋势分析来实现，例如通过调研市场的增长率、拓展空间、政策支持等方面的信息，创业者可以获得对市场发展潜力的初步判断。

在市场评估中，创业者还可以通过市场试点或者小规模的市场测试来进一步验证创业项目的市场适应性和潜力。通过收集用户反馈、观察市场反应等方式，创业者可以及时发现问题和改进方案，提高创业项目的市场竞争力。

（三）创业项目的财务评估

创业项目的财务评估是衡量其可行性和潜在风险的关键步骤之一。通过对创业项目的财务情况进行全面、科学的评估，可以帮助创业者了解项目的盈利能力、融资需求以及投资回报率等重要指标，为后续的资金筹措和经营决策提供依据。

财务评估应对初始投资和运营成本的进行估计。创业项目在启动阶段需要投入一定的资金用于设备、原材料、办公场所等方面的支出，而日常运营过程中也需要考虑到从员工薪酬到市场推广的各项费用。通过仔细评估这些费用的规模和持续时间，可以预估项目的资金需求并制定相应的筹措计划。

财务评估还应关注预计的收入和利润。创业项目的盈利能力是企业生存与发展的基础，因此需要对市场需求、产品定价以及销售预期进行详细分析。通过细致的市场调研和竞争分析，可以预测项目的销售额和市场份额，并进而计算出潜在利润。

财务评估还要综合考虑项目的投资回报率。创业项目的投资回报率可以用来评估投资的效益，反映项目是否值得投资。

（四）创业项目的竞争力评估

在大学生创业过程中，创业项目的竞争力评估是至关重要的一环。竞争力评估能够帮助大学生创业者了解自己的创业项目在市场中的竞争地位，进而决定是否继续进行该项目。下面将从市场需求、产品差异化、核心竞争力等方面介绍创业项目的竞争力评估。

市场需求是判断创业项目竞争力的重要指标之一。通过对目标市场进行调研和分析，创业者能够了解市场的规模、增长速度以及竞争对手情况。如果目标市场需求潜力巨大，并且目前供应方面的竞争相对较弱，那么创业项目的竞争力就会相对较强。另外，创业者还可以通过与潜在用户进行深入沟通，了解市场的真实需求，从而制定出更有竞争力的创业项目。

在产品差异化方面，创业者需要确定自己的产品在市场中的独特性和竞争优势。通过与竞争对手的产品进行对比和分析，扬长避短，做出相应的调整和改进，能够使创业项目在市场中脱颖而出，与竞争对手形成差异化竞争，提升项目的竞争力。

核心竞争力也是创业项目竞争力的重要组成部分，创业者需要明确自己项目的核心能力，也就是在市场中的独特优势。核心竞争力可以来源于技术、团队、资源等方面的积累。创业者应该通过分析自身的核心能力与市场需求的契合程度，来衡量创业项目的竞争力。如果核心竞争力能够满足市场需求，并且与竞争对手的差距明显，那么创业项目的竞争力就会更为突出。

四、创业计划书的编写

（一）创业计划书的结构与内容

在编写创业计划书时，确保其结构与内容的合理性至关重要。一个好的创业计划书应该包含以下几个主要部分：背景介绍、市场分析、产品或服务描述、营销策略、组织架构、财务规划、风险评估和执行计划。

背景介绍是创业计划书的开篇部分，它应该清晰地描述有关创业项目的背景信息，包括创业动机、目标市场和目标用户等。在这一部分，可以通过引用行业数据、市场趋势以及相关的研究和分析来支持创业项目的可行性。

市场分析是创业计划书的关键组成部分。在市场分析部分，需要对目标市场进行详细的调研，包括市场规模、竞争对手、目标受众、消费趋势等方面的信息。通过分析市场数据和趋势，可以描绘出一个清晰的市场环境，同时也为后续的产品或服务描述和营销策略提供了依据。

产品或服务描述是创业计划书中的重要组成部分。在这一部分，应该详细描述创业项目所提供的产品或服务的特点、优势、定位以及目标用户的需求。通过清晰地描述产品或服务的核心价值和竞争优势，可以让读者更好地理解创业项目的价值主张。

营销策略是创业计划书中的核心内容。在这一部分，需要明确创业项目的目标市场、定位策略、销售渠道、促销活动等。同时，还需要制定详细的市场推广计划，包括品牌建设、市场定价、销售预测等方面的内容。通过合理而有效的营销策略，可以提高创业项目的市场占有率和竞争力。

组织架构是创业计划书中需要详细描述的部分。在这一部分，应该清晰地列出创业团队的组成和职责分工，并说明团队成员的背景和经验。同时，还需要明确创业团队的管理和决策机构，以及与创业项目相关的合作伙伴和供应商等。通过明确的组织架构，可以展示出创业团队的实力和能力。

财务规划是创业计划书中至关重要的部分。在这一部分，需要详细列出创业项目的预计投资和预计收入，并制定相应的财务计划和预算。同时，还需要进行风险评估和盈利预测，以确保创业项目的财务可行性和盈利能力。通过合理的财务规划，可以提供给投资者清晰而可信的收益预期。

最后一部分是执行计划。创业计划书的执行计划部分是为了确保创业项目的顺利执行。在这一部分，需要制定详细的行动计划和时间表，明确各个阶段的目标和进展情况，并制定相应的控制和监督措施。通过科学而系统的执行计划，可以提高创业项目的实施效率和成功概率。

在创业计划书的编写过程中，需要注意内容的合理性和逻辑性，同时也要注重语言的清晰和准确。避免使用复杂和晦涩的词语，保持简洁而具体的表达。此外，对创业计划书进行评价和修正也是一个重要的环节，可以与专业人士进行交流和讨论，听取宝贵的意见和建议。只有在编写过程中持续反思和不断完善，才能使创业计划书达到最佳效果。

（二）创业计划书的编写技巧

创业计划书作为一个全面、系统地呈现创业项目的重要文档，其编写质量直接影响着投资者对项目的认可程度。在编写创业计划书时，应注意以下几个技巧。

1. 明确目标和定位

在创业计划书中，应清晰地阐述创业项目的目标和定位。包括项目的目标市场、目标客户群体、竞争对手分析以及项目在市场中的定位。通过明确目标和定位，能够让投资者更好地了解项目的商业机会和市场潜力。

2. 详尽描述市场分析和竞争环境

对目标市场的深入分析和了解，应该包括市场规模、市场趋势、目标客户的需求和消费习惯等方面。同时，还需要对竞争对手进行全面的分析，包括竞争对手的优势、劣势以及它们的市场份额等。通过全面的市场分析和竞争环境描述，能够让投资者对项目的市场前景有更准确的判断。

3. 确定切实可行的策略与实施计划

在编写创业计划书时，应明确项目的发展策略和实施计划，这包括产品或服务的研发与设计、市场推广和销售渠道的选择、运营管理体系的建立等方面。策略和实施计划应该具有可行性和可操作性，能够让投资者相信项目的可行性和发展潜力。

4. 重视财务分析和风险评估

创业计划书中应包括详细的财务分析和风险评估。财务分析包括项目的投资与融资方案、预期收益和成本、盈利能力和现金流分析等。风险评估应针对项目可能面临的各种风险进行全面评估，并给出相应的风险应对措施。通过详细的财务分析和风险评估，能够让投资者更好地了解项目的投资回报和风险状况。

（三）创业计划书的评价与修正

创业计划书承载着大学生创业者的理念、目标、策略、市场分析等关键信息，因此需要对创业计划书不断完善，使其达到最佳效果，以下就介绍几个评价和修正创业计划书的关键方面。

1. 评价创业计划书的内容是否符合实际需求

在评价过程中，应该仔细核对创业计划书中创业项目的核心业务、目标市场、竞争分析等关键要素是否切实可行、是否与实际情况相符。如果发现计划书存在与实际需求不符的部分，需要进行相应的修正和完善，以确保计划书的准确性和可行性。

2. 评价创业计划书的逻辑性和条理性

一份优秀的创业计划书应该有清晰的逻辑结构和良好的条理性，使读者能够简单明了地理解其中的内容。在评价过程中，需要关注创业计划书的章节划分是否合理、各部分之间的逻辑关系是否紧密，并对其中的冗余信息和缺失信息进行审查和修正，以提高创业计划书的可读性和可理解性。

3. 评价创业计划书的市场分析和风险评估

创业计划书应该包含对目标市场的详细分析，包括市场规模、竞争对手、消费者需求等方面的内容。在评价过程中，需要对市场分析的准确性和全面性进行验证，并评估创业项目所面临的风险和挑战。根据评估结果，可以对创业计划书进行相应的修正和调整，以更好地应对市场的需求和风险。

4. 评价创业计划书的可行性和可持续性

创业计划书应该具备明确的目标和策略，并能够明确表达创业项目的商业模式和盈利能力。在评价过程中，需要关注创业计划书所提出的目标是否具有可实现性，并对其中的策略和商业模式进行验证。同时，还需要评估创业计划书所蕴含的可持续性，即创业项目是否具备长期稳定发展的潜力。

第二节　大学生创业团队构建

一、大学生创业团队的概念

（一）大学生创业团队的定义

大学生创业团队是指由一群有着共同目标、愿景和创业意愿的大学生组成的团队，旨在共同策划、实施和管理创业项目，实现创新和市场价值的最大化。大学生创业团队成员具备较深厚的学术背景和专业知识，并具备较强的团队协作能力和创造力。大学生创业团队的成员在实践中相互合作，共同承担风险，共同分享成功与失败的经验，致力于创造新的商业机会和价值。

一个创业团队的成立并不仅仅是为了实现个人的创业梦想，更是为了通过团队的集体智慧和共同努力，实现创新和商业成功的目标。创业团队的成员之间通常存在紧密的合作关系，共同承担项目的风险和压力，并通过相互之间的沟通和协作来解决问题和取得成功。

（二）创业团队的特性

1. 创业团队具有多元化的背景和能力

一个创业团队中，成员往往来自不同的专业，比如管理、市场营销、技术开发等。这种多元化的背景使得团队能够更好地从不同的角度思考和解决问题，提高创新能力。此外，成员之间才能形成能力互补，每个人都可以发挥自己专业领域的长处，形成合力。

2. 创业团队具有高度的自主性与自我驱动力

相比于传统的组织机构，创业团队的成员更加自由和灵活，他们有更多的决策自由和责任。这种自主性使得团队能够更好地应对创业过程中的各种挑战和变化，更加敏捷地做出反应。同时，在创业团队中，成员对于团队的成功有强烈的自我驱动力，他们有着共同的目标和愿景，并为之努力奋斗。

3. 创业团队具有高度的拼搏精神和创新意识

创业过程充满着各种不确定性和风险，创业团队的成员需要具备坚韧不拔的毅力和敢于拼搏的勇气，持续地推动项目的发展。同时，创业团队也需要具备创新意识，不断地寻找和创造新的商业机会，为公司带来增长和竞争优势。创业团队中的成员通常具备不同程度的创新思维和能力，他们能够思考和实践不同的商业模式和创新策略。

4. 创业团队具有强烈的合作意识和团队精神

在一个创业团队中，成员之间需要密切合作，共同解决问题和实现目标。成员之间的团队精神和协作能力决定了团队的整体效能，而创业团队通常面临着时间紧迫、资源有限等挑战，只有通过有效的团队协作，才能充分发挥团队的优势和潜力。

（三）大学生创业团队与普通团队的区别

大学生创业团队具有明显的创新意识和冒险精神。创业团队成员通常都是具有一定创新能力和创业激情的大学生，他们对新事物持有开放的态度，乐于尝试新的商业模式和经营策略，愿意面对风险和挑战。与之相比，普通团队成员更多地追求稳定和安全,对创新的接受度较低。

大学生创业团队更加注重团队成员能力的多样性和互补性。在创业团队中,成员之间通常拥有不同的背景、技能和知识,形成一个多元化的团队。这种多样性使得团队具备了应对复杂问题和挑战的能力,各个成员之间可以相互补充,形成协同效应。相比之下,普通团队往往更加注重成员之间的协调和一致性,追求相对稳定和一致的目标。

大学生创业团队的发展过程更具有不确定性和变化性。在创业过程中,团队的目标、战略和组织结构都可能随时发生变化。创业者需要不断地调整和适应外部环境的变化,同时也需要平衡内部团队成员之间的期望和利益。普通团队相对而言更加稳定和可控,成员的任务和角色分配相对固定,组织结构和目标也较为确定。

大学生创业团队的价值观和意识形态往往更加强调创新和社会影响力。创业者常常将社会问题和商业机会相结合,以创新的产品或服务提升竞争力,实现可持续发展。他们注重创新和创业的社会意义,追求长期的社会影响力。与之相反,普通团队更加注重实现经济效益和个人利益,他们的目标主要集中在经济和利益的最大化。

二、大学生创业团队的类型

(一) 根据团队规模分类

根据团队规模的不同,大学生创业团队可以进一步分为小规模团队、中等规模团队和大规模团队。团队规模的大小直接关系到团队的组织架构、决策方式、任务分工以及团队成员之间的协作方式。

小规模团队是指成员数量较少、通常不超过十人的团队。由于成员相对较少,小规模团队更加容易形成紧密的合作关系,团队成员之间更容易互相了解和沟通。在小团队中,每个成员的职责比较明确,任务分工相对简单明确,因此运行起来更加高效。此外,小规模团队还具有灵活性强、反应速度快的优势,能够更及时地对市场变化做出应对。

中等规模团队是指成员数量在十人以上但不超过五十人的团队。中等规模团队相对于小规模团队来说,团队成员的数量增加了,团队的管理和协调也面临着更大的挑战。在中等规模团队中,为了保持团队的协作效率,通常会在团队中设立一些协调和管理的岗位,例如团队负责人、项目经理等。此外,团队成员之间的沟通和协作需要更加系统和有效的规划和组织,才能够确保团队整体的运作顺利。

大规模团队是指成员数量超过五十人的团队。大规模团队的特点是成员众多、组织复杂。在大规模团队中,团队成员的分工和协作更加细化,通常会根据各自的专业能力和职责进行分工,并建立起一套相对完善的组织和协调机制。大规模团队的管理需要更加注重人力资源的配置和激励机制的建立，以确保团队成员的创造力能够充分发挥。

（二）根据团队成员构成分类

在大学生创业团队的组建中，团队成员的背景、技能和经验对团队的发展和运营起着关键的作用。根据团队成员的构成，我们可以将大学生创业团队进一步分为不同的类型。

根据团队成员的专业背景，我们可以将大学生创业团队分为技术型团队、商务型团队和综合型团队。技术型团队主要由具有技术专长的成员组成，他们擅长技术创新和产品开发，能够为创业项目提供技术支持和创新能力。商务型团队则由具有商业背景和市场经验的成员组成，他们擅长于市场营销、商业策划和销售渠道的建立，能够为创业项目提供商业运营和市场推广的支持。综合型团队则是由不同背景的成员组成，他们在技术和商务方面具备一定的能力，能够综合运用各方面的知识和经验，为创业项目提供全方位的支持和发展。

三、大学生创业团队的组建

（一）确定团队目标

在大学生创业团队的组建过程中，确定团队目标是至关重要的一步。团队目标的明确性和可行性直接影响到团队的发展和成果。为了确保团队目标准确明确，凝聚团队成员的共同努力，以下几个方面需要注意。

1. 目标明确性

一个明确的目标能够帮助团队成员共同朝着同一个方向努力，并且能够量化和衡量。确立明确的目标，团队成员可以明确自己在团队中的角色和责任，并能够评估团队的进展和成果。

2. 目标可行性

确立目标时，团队成员需要评估自己的技能、知识和资源，确保他们有能力实现这一目标。如果团队目标过于理想化或超出团队成员的能力范围，可能会导致团队在实现目标的过程中遇到困难，甚至无法实现目标。因此，团队成员在设定团队目标时，需要充分考虑自身的实际情况，并做出合理的判断。

3. 目标应该能激励和引领团队成员

一个好的团队目标应该能够激发团队成员的积极性和创造力，让他们感到团队的重要性和价值。团队目标应该能够使团队成员产生共同的目标意识，并将个人的利益与团队发展紧密相连，从而形成团队凝聚力和士气。因此，在确定团队目标时，应该注重团队成员的参与和共识，在团队内部形成共同的目标意识。

（二）选择团队成员

团队里成员的素质与背景将直接影响团队的整体表现和发展潜力。以下是选择团队成员的关键因素，可供参考。

1. 专业背景

大学生创业团队往往聚集了各个专业的学生，因此在选择成员时应该确保团队拥有多样化的专业知识和技能。这样的多样性将使团队更具创新和适应变化的能力。同时，成员之间的专业背景的互补也将促进团队内部的合作与协作。

2. 团队成员的个人素质和能力

创业团队的成功与否与每个成员的个人素质直接相关。团队成员应具备良好的沟通能力、团队合作精神和问题解决能力等。此外，个人对创业的热情、动力和决心也是衡量成员适合与否的重要标准。

3. 成员的团队意识和价值观

团队成员应该能够共同认同团队的目标和愿景，并有共同的价值观和团队意识。这种一致性将有助于团队内部的协作和统一行动，推动团队朝着共同的目标前进。

4. 成员个人目标与团队定论的相符程度

选择那些对创业事业充满热情、愿意为团队目标全力以赴，愿意与团队共同成长和取得成功的成员，能够确保团队的凝聚力和稳定性。

（三）建立团队文化

团队文化是指团队成员共同遵循的价值观、行为准则和共同认同的理念。强大的团队文化能够促进团队成员之间的凝聚力和协作性，为团队的发展和创新提供坚实的基础。

团队的价值观是建立团队文化的核心。通过明确团队的核心价值观，团队成员可以一起追求共同的目标，并且在决策和行动中保持一致。例如，团队可以倡导创新、协作、责任和诚信等价值观，以培养勇于创新、团队合作和高效工作的文化。

建立团队文化还需要明确团队的行为准则。这些准则描述了团队内部的行为规范，以及如何处理团队之间的关系。例如，团队可以制定明确的沟通规则，鼓励成员之间的开放和诚实的交流。此外，团队还可以鼓励创新和试错，为成员提供发展和学习的机会。

团队文化的建立还需要通过建立共同认同的理念来凝聚团队成员。团队应该有一个清晰的愿景和使命，使团队成员能够共同认同并为之努力。同时，团队还应该设定具体的目标和策略，以激励团队成员参与团队的建设和发展。

为了有效建立团队文化，团队管理者可以采取一系列措施。首先，通过鼓励团队成员参与决策和规划过程，增加团队成员的参与感和归属感。其次，应该为团队成员提供适当的培训和发展机会，以提高团队成员的能力和素质。再次，定期组织团队建设活动，例如团队合作训练、团队活动和团队沟通培训等，以进一步促进团队成员之间的交流和协作。

（四）组织团队建设活动

在团队组建的过程中，组织团队建设活动是一个重要的环节。有效的团队建设活动，可以增强团队成员之间的互动与合作，提升团队的凝聚力和执行力。

首先，团队建设活动应注重促进团队成员间的沟通与理解。在活动中，可以设置小组讨论、角色扮演等环节，让团队成员有机会交流彼此的想法、意见和建议。通过分享与倾听，团队成员可以更好地理解彼此的观点，形成共识和团队协作的基础。

其次，团队建设活动也应注重培养团队合作意识与技巧。活动可以设计一些合作任务或项目，让团队成员相互依赖、协调合作，共同完成任务。通过这样的活动，团队成员可以学会倾听、团结协作，提升团队的合作能力。

再次，团队建设活动还可通过建立互信的机制来加强团队的凝聚力。此外，可以举办团队拓展活动，如攀岩、绳索课程等，培养团队成员之间的互信与团队精神。

最后，团队建设活动还应注重反思与总结。每一次活动都应有一个反思的环节，让团队成员对活动进行评估，并总结经验教训。通过反思与总结，可以发现存在的问题与不足，并及时改进与提升。

四、大学生创业团队的管理

（一）创业团队的领导方式

创业团队的领导方式是团队内部管理的关键环节之一。在大学生创业团队中，领导方式的选择对于团队的发展和运作具有重要影响。在实践中，大学生创业团队的领导方式可以多样化，包括但不限于以下几种方式。

1. 共同协商领导方式

在这种领导方式下，团队的决策和管理工作由全体团队成员共同参与和协商决定。团队成员通过集体讨论和协作来制定目标、分配任务和解决问题。这种领导方式能够充分发挥团队成员的主观能动性，促进团队内部的沟通和合作，激发每个成员的创新和创业激情。

2. 权威型领导

在这种领导方式下，团队的决策和管理工作由领导者单独负责。领导者根据自己的经验和判断制定团队的目标和方向，对团队成员进行指导和监督。这种领导方式适用于团队成员能力不均衡或者需要较快决策和执行的情况下。领导者的权威和决策能力能够有效地推动团队的发展和运作，提高团队的效率和成果。

3. 教练型领导

在这种领导方式下，领导者扮演着团队的辅导员和引导者的角色。领导者主要通过指导、培训和激励来促进团队成员的学习和发展。团队成员在这种领导方式下能够获得更多的学习机会和成长空间，提高自身的能力和素质。教练型领导方式适用于团队成员较为年轻和缺乏经验的情况下，能够有效地提高团队的专业能力和竞争力。

（二）创业团队的决策机制

在大学生创业团队中，决策机制的建立和运行对于团队的发展起着至关重要的作用。一个高效的决策机制能够帮助团队在面对各种问题和挑战时做出准确、及时的决策，并促进团队成员之间的协作和沟通，从而推动团队的创业活动向着正确的方向发展。

创业团队可以采用集体决策的方式来进行决策。集体决策是一种注重团队协作和合作的决策方式。在这种决策方式下，团队成员需要共同参与决策的讨论和分析，并通过达成共识来决策。这种决策机制能够促进团队成员之间的沟通和协调，增强团队的凝聚力和团队合作能力，有利于形成一个具有高效执行力的团队。

创业团队还可以借鉴专家决策的方式来进行决策。专家决策是一种注重专业知识和经验的决策方式。团队可以邀请行业专家或相关领域的专业人士提供专业的意见和建议，帮助团队做出决策。这种决策机制能够提高决策的专业性和科学性，减少决策的风险和错误，为团队的发展提供有力的支持。

创业团队还可以根据具体情况采用混合决策的方式来进行决策。混合决策是一种根据情况灵活选择不同的决策方式进行决策的方式。团队可以根据问题的性质、团队成员的角色和能力等因素来选择合适的决策方式。灵活运用不同的决策方式可以更好地适应团队发展的需求，提高决策的效率和质量。

在实际操作中，创业团队需要根据团队的特点和需求来建立和完善决策机制，并确保决策机制的顺畅运行。同时，团队成员也需要具备一定的决策能力和判断力，积极参与决策过程，并为决策的执行负责。只有通过良好的决策机制和团队成员的积极参与，才能够实现创业团队的有效决策和持续发展。

（三）创业团队的激励机制

创业团队的激励机制是促使团队成员积极参与和努力工作的重要手段。在实际的创业过程中，激励机制的设计和实施可以有效地激发团队成员的创造力和激情，提升整个团队的绩效和竞争力。

首先，在激励机制的设计上，需要注重个人的成长与团队发展目标的契合。团队成员在创业过程中，通常会面临各种困难和挑战，只有让他们认识到自己在团队中的重要性，才能激发他们的自我动力。因此，激励机制应该将个人的成长与团队目标相结合，为团队成员提供个人成长的机会和发展方向，让他们能够在创业中找到自己的价值和意义。

其次，在激励机制的实施上，需要注重公平和公正。创业团队是一个协作的整体，每个成员的贡献都是不可忽视的。因此，激励机制应该根据每个成员的贡献和表现进行公平评估和奖励，避免出现个别成员被忽视或不公正的情况。同时，激励机制也应该能够激发竞争和合作，促使团队成员相互学习和成长。

再次，激励机制应该注重多元化的方式和手段。不同的团队成员有着不同的动力来源和价值观，因此，激励机制应该囊括多样化的方式和手段，满足不同成员的需求和期望。例如，可以通过薪酬、股权激励、晋升机会等经济性激励手段，达成成员的经济预期；同时，还可以通过培训、学术交流、社交活动等非经济性激励手段，满足成员的自我实现和社交需求。

最后，激励机制应该不断进行优化和调整。创业团队是一个动态的组织，成员之间的角色和需求都会随着时间和发展而变化。因此，激励机制需要不断进行优化和调整，以适应成员需求的变化。团队的领导者和管理者应该及时了解团队成员的动态，根据不同的阶段和需求，调整激励机制，确保团队成员的积极性和激情始终保持在一个较高的水平。

第六章　大学生创新创业实践

第一节　基于资源共享的大学生创新创业实践

一、资源共享的内涵

（一）资源共享的定义及缘由

资源共享是指各种资源在特定条件下供多个个体或组织共同利用的过程。它可以涵盖各种类型的资源，包括信息资源、人力资源、物质资源等。资源共享的概念最早起源于信息科学领域，旨在解决信息资源有限、分散的问题，实现资源的高效利用和最大化的社会价值。随着社会的发展和科技的进步，资源共享的概念得到了进一步拓展和应用。

资源共享的缘由主要可以归纳为以下几个方面。其一，在信息时代，人们能接收到的各类数据和知识呈指数级增长，资源共享能够有效整合和利用这些信息和知识，提高其价值和效用。其二，社会经济的发展和精细化分工，促使资源共享成为一种必要的方式。特别是在经济全球化和市场化的背景下，企业和组织之间需要共享资源来提高竞争力和效率，从而实现可持续发展。其三，科技的进步和互联网的普及，为资源共享提供了便利条件。互联网的出现使得资源共享的范围和方式得到了极大拓展，人们可以通过网络平台共享各种资源，实现"云端"资源的共享和利用。

（二）资源共享的意义与影响

资源共享作为一种重要的合作模式，具有非凡的意义，在不同领域都产生了显著的影响。

第一，资源共享促进了信息的高效利用。通过共享资源，不同的个体可以利用彼此的资源，避免重复劳动和资源浪费，从而提高信息的获取和利用效率。这在大学生创新创业实践中尤为重要，因为创新创业需要大量的信息素材和资源，资源共享平台的建立为大学生创新创业提供了一个高效获取资源的途径。

第二，资源共享推动了知识和技术的快速传播。当资源共享的方式被广泛采用，知识和技术可以迅速传播到更广泛的人群中。这对于大学生创新创业实践非常有利，因为在创新创业过程中，及时获取最新的知识和技术是至关重要的。通过资源共享，创业者可以更快地了解到最新的行业趋势和发展动态，从而更好地进行战略决策和创新实践。

第三，资源共享还有助于构建合作共赢的生态系统。在资源共享的模式下，各方通过互惠合作，实现资源的共享和互补，从而形成更加良性和可持续的创新创业生态系统。大学生创新创业实践中，资源共享平台的建立可以促进创新创业项目之间的合作与交流，激发更多的创新创业机会，并最终推动整个创新创业生态系统的快速发展。

在大学生创新创业实践中，资源共享也发挥了重要的作用。大学生往往拥有的只是有限的资源，如资金、设备、人才等。通过资源共享，他们可以借助他人所拥有的资源，化解自身的资源瓶颈，进一步推动创新创业的发展。例如，通过共享实验室设备，大学生可以更加便捷地进行科研实验；通过共享创业经验和资源，他们可以更好地借鉴他人的成功经验，减少创业风险；通过共享创业平台，他们可以与合作伙伴相互协作，共同开展创新项目。

二、资源共享的特点

（一）共享性

资源共享的本质是将资源进行共享，使其可以被更多人所利用。共享性的体现包括两个方面，一是资源的共享对象广泛，二是资源的使用权可以被多方共享。

资源共享对象的广泛性。资源共享不仅局限于特定的个体或组织，而是向更广泛的群体开放。无论是个人、企业还是学术界，都可以从中受益。例如，在大学生创新创业实践中，学生可以共享导师的研究成果、实验设备、文献资源等。这种共享性使得资源得到了更大范围的应用和传播，从而促进了创新和合作。

资源共享还体现在资源使用权的多方共享。传统上，资源的使用权往往由资源拥有者独自掌握。但在资源共享的模式下，资源拥有者可以将资源的使用权开放给其他人，使他们也能够共享该资源。这种开放性能够激发更多创新创业的可能性。例如，一个企业可以将自己的专利技术共享给其他创业者，使得更多的创业者能够在这一技术基础上进行创新。这种多方共享的模式扩大了资源的利用范围和效益。

（二）互动性

资源共享的互动性是指资源共享过程中的参与者之间能够进行积极互动、交流和合作。在资源共享中，不仅仅是资源在提供者和使用者之间单向传递，而是通过互动促进知识和经验的交流与分享。这种互动性的特点可以有效促进资源的优化利用和迭代更新。

互动性可以增强对资源学习的效果。通过资源共享平台，使用者可以与资源的提供者进行直接的交流和互动。比如，在大学生创新创业实践中，学生可以通过资源共享平台了解前辈的经验和教训，从而更好地规划自己的创业项目。资源提供者也可以主动向使用者提供指导和支持，促进使用者的学习和成长。这种互动性不仅仅是知识的传递，更是一种双向的交流和合作，有助于双方共同进步。

互动性可以促进创新和合作的发生。资源共享提供了一个平台，使得不同领域和背景的人能够相互交流和合作。通过互动，不同领域的知识和经验可以碰撞出新的思想和创新。比如，在大学生创新创业实践中，学生可以通过资源共享平台找到志同道合的合作伙伴，共同探索创新的机会和挑战。互动性的特点使得创新和合作可以在资源共享的环境中迅速发生，提高了创新的效率和质量。

互动性还可以促进用户的参与和反馈。通过资源共享平台，用户可以主动参与资源的评价和反馈。他们可以提供自己的经验和意见，帮助资源的提供者不断改进和优化资源。同时，用户还可以通过互动和交流，获取更多的相关资源和信息。这种用户参与和反馈的互动性，有助于打造一个更加开放和多样化的资源共享环境。

（三）高效性

资源共享可以极大地提高资源的利用效率，实现资源的最大化利用。具体来说，高效性体现在以下几个方面。

首先，资源共享可以避免资源重复建设和浪费。在传统的资源获取方式下，很多机构或个人会进行近似的研究或项目开发，造成了资源的重复建设和浪费。而通过资源共享，不同机构或个人可以互相分享已有的资源，避免重复劳动，提高资源利用效率。

其次，资源共享可以加快问题解决的速度。在面临困难或需要解决问题的情况下，通过资源共享，可以迅速获取其他人解决类似问题的经验和教训。这样就能够避免重复探索和试错，节省时间和精力，快速有效地解决问题。

再次，资源共享还可以促进合作与协同创新。通过资源共享，不同机构或个人可以相互借鉴和借助对方的资源，从而实现资源的共同利用和优势互补。这样的合作与协同创新模式不仅能够促进知识的交流与共享，还能够加强各方的创新能力和竞争力。

最后，资源共享还能够实现资源的可持续利用。在传统的资源利用模式下，有的资源在被使用或消耗后就不再次利用。然而通过资源共享，共享的资源可以得到更充分的利用，延长资源的使用寿命，实现资源的可持续利用和循环利用。

（四）开放性

开放性是资源共享的一个重要特点。资源共享的本质就是将资源对外开放，让更多的人可以自由获取和利用。开放性不仅体现在资源的共享范围上，更体现在资源共享平台的开放性和共享过程的开放性。资源共享平台应该是一个开放的平台，不仅接受所有人的资源投入，还可以让所有人都从中获益。在大学生创新创业实践中，开放的资源共享平台可以提供丰富多样的资源，例如资金、设备、知识等，为大学生创新创业提供强大的支持。

开放性的资源共享具有多重优势。第一，开放性可以促进资源的广泛流动和碰撞，在不同领域和不同人群之间创造更多的创新和价值。第二，开放性可以建立更加宽松的合作环境，促进不同机构和个人之间的合作和交流，为创新创业提供更多的机遇和支持。第三，开放性资源共享有助于降低创新创业的门槛，帮助更多的人参与创新创业活动，推动社会的创新和发展。

在大学生创新创业实践中，开放性的资源共享可以为大学生提供更多的机会和资源，帮助他们实现创新创业的梦想。通过建立开放的资源共享平台，大学生可以从中获取资金、设备、技术等资源，提升创新创业的能力和竞争力。同时，开放性的资源共享也可以促进大学生之间的合作和交流，创造更多的创新和价值。

三、资源共享及资源共享平台在大学生创新创业实践中的应用

（一）资源共享平台的建设

为了更好地促进资源共享，在大学生创新创业实践中，建设资源共享平台至关重要。这些平台可以提供一个便捷的交流和合作的环境，使得资源的共享更加高效和有序。资源共享平台的建设需要考虑到不同资源类型和需求之间的匹配和协调，同时也需要注意隐私和安全的保护。只有建设好资源共享平台，才能更好地发挥资源共享的潜力，推动大学生创新创业实践的蓬勃发展。下面将从平台的设计、功能和安全性三个方面探讨资源共享平台的建设。

资源共享平台的设计应该以用户需求为中心，注重用户体验。在设计过程中，应考虑用户的使用习惯和操作便捷性，使其能够方便快捷地找到所需资源。平台的界面设计要简洁大方，符合大众审美。同时，根据不同用户群体的不同需求，可以设置个性化的界面模块，让用户能够根据自己的兴趣和需求进行定制化查询和浏览。

资源共享平台的功能要全面且实用。平台应该提供多种资源共享方式，包括文件上传、链接分享、经验交流、合作机会发布等。不同形式的资源共享能够满足不同用户的需求。此外，还可以提供资源在线预览和下载功能，方便用户快速获取所需资源。同时，平台应该支持用户之间的互动交流，包括留言评论、私信联系等功能，有利于促进用户之间的合作与交流。

资源共享平台的安全性至关重要。平台建设应考虑到资源的版权保护和用户的隐私安全。在平台的设计中，应设置严格的权限控制，确保只有合法用户才能上传和下载资源。同时，平台应加强用户身份验证和数据加密，保障用户信息的安全。

学校若搭建资源共享平台将对大学生创新创业实践起重要的推动作用。资源平台是一个连接资源提供方和需求方的桥梁，可有效促进资源共享和合作，推动创新创业实践的发展。

（二）资源共享平台的运营与管理

学校在资源共享平台建设完成后，需要进行有效的运营与管理，以确保平台能够持续稳定地运行，并为大学生创新创业实践提供优质的服务和支持。

首先，资源共享平台的运营需要建立健全的管理体系。这包括明确的组织结构、职责分工和工作机制。平台管理者需要根据平台的规模和运营需求，合理配置管理人员，并明确各个管理层级的权责。

其次，资源共享平台的运营需要进行有效的市场推广。平台的价值在于能够吸引更多的资源提供方和需求方参与其中。因此，平台管理者需要制定营销策略，提升平台的知名度和影响力。可以通过举办培训活动、组织展览会、开展宣传活动等方式，加强对大学生创新创业群体的引导，吸引他们参与到资源共享平台中。

再次，资源共享平台的运营需要注重用户需求和体验。平台管理者需要不断研究用户需求，优化平台的功能和服务，提供便捷的使用界面和友好的操作流程。同时，积极收集用户反馈和建议，及时改进和调整平台，以满足用户的需求。

最后，资源共享平台的运营需要确保良好的合作关系。资源共享平台涉及多方的合作和互动，包括资源提供方、需求方、平台管理方等。平台管理者需要建立和谐的合作关系，加强与各方的沟通和协调。通过定期进行合作伙伴会议、意见交流会等方式，加强合作伙伴之间的了解和信任，共同推动资源共享平台的发展。

（三）资源共享及资源共享平台对大学生创新创业实践的影响

创新创业实践作为培养大学生的创新思维和创业能力的重要环节，对于提升大学生的综合素养和就业竞争力具有重要意义。

资源共享让学生能够更充分地利用各方资源。在创新创业实践过程中，学生需要获取各种各样的资源，如市场调研数据、技术支持、资金等。而资源共享可以使得学生能够更方便地获得这些资源。例如，学生可以通过资源共享平台，与其他学校或企业合作，进行共享研究或经验交流，从而互相借鉴经验，提高创新创业能力。

资源共享使学生获取资源更加便捷和高效。在过去的创新创业实践中，学生获取资源的过程常常复杂而耗时。但是，资源共享的的情况下，学生可以通过在线平台直接搜索到所需资源，并且可以快速联系到资源提供者，省去了烦琐的中间环节，提高了资源的获取效率。

资源共享平台的建设也为大学生的创新创业实践提供了更广泛的平台和更多的机会。通过建设资源共享平台，学校能够与企业、研究机构等建立合作关系，提供更多的创新创业资源和支持。同时，学生也能够通过平台发布自己的创新创业项目，吸引潜在的合作伙伴或投资者的关注，为项目的推进吸纳更多的机会和资源。

在实际的创新创业实践中，资源共享平台的运营和管理也是至关重要的。只有资源共享平台能够稳定地运行并得到有效管理，才能满足学生的需求，促进创新创业实践的顺利进行。因此，要建立健全的管理机制，加强对资源共享平台的维护和更新，提高平台的可用性和可信度，确保学生能够真正受益于资源共享。

第二节　基于项目驱动的大学生创新创业实践

一、项目驱动概述

（一）项目驱动的定义

项目驱动作为一种管理方法和实践方式，已经在各个领域得到广泛的应用。项目驱动可以通过将复杂的任务分解为可管理的阶段和活动，从而提高项目的整体管理效率。项目驱动的定义可以从不同的角度进行解释。

从管理角度来看，项目驱动可以被定义为一种以项目为单位进行管理和运营的方法。在这种管理模式下，项目成为组织达成目标的基本单位，通过明确目标、资源分配、进度管理和风险控制等手段，实现项目的顺利开展。项目驱动强调团队合作和协调，将不同的功能部门和专业人员组织起来，共同推动项目的实施与完成。

从实践角度来看，项目驱动可以被定义为一种以项目为核心的实践方式。在这种实践模式下，项目的开展是由实际需求和问题驱动的，通过明确的目标和方法，以项目为媒介实现创新和解决问题。

在大学生创新创业能力培养中，项目驱动提倡学生主动参与实践，并通过项目实践来培养学生的创新能力、团队协作能力和问题解决能力。这种实践方式注重学生的主体地位和积极性，使学生能够主动地思考和解决实际问题，提升自身的综合素质。

（二）项目驱动在大学生创新创业实践中的重要作用

在大学生创新创业实践中，项目驱动发挥着重要的作用。其一，项目驱动提供了一种系统化的方法和流程，为学生的创新创业实践提供了有序的指导和支持。通过明确的目标和计划，学生能够更好地组织和管理项目，降低实践过程中的风险和挑战。

其二，项目驱动注重团队合作和协作，培养学生的团队合作能力和领导能力。在项目实践中，学生需要充分发挥各自的专长和优势，共同解决问题，实现项目目标。这种团队合作的经验和能力对于学生的未来职业发展非常具有价值。

其三，项目驱动还能够激发学生的创新潜力，培养学生的创新思维和创新能力。在项目实践中，学生需要不断地进行实践和探索，解决实际问题，从而促进个人的创新和成长。

二、项目驱动在大学创新创业能力培养中的优缺点

（一）项目驱动在大学生创新创业能力培养中的优势

项目驱动作为一种以项目为核心的实践方法，在大学生创新创业能力培养中具有优势。其优势主要体现在以下几个方面。

1. 强调实践能力的培养

在传统的教学方法中，学生主要通过听课和读书来获取知识，而项目驱动则强调学生通过实际操作来提升自己的实践能力。项目驱动注重学生的动手能力和解决实际问题的能力培养，让学生在实践中学习，将理论知识与实际应用相结合。

2. 促进学科综合能力的发展

项目实践中通常是需要跨学科合作的，需要学生在解决实际问题的过程中综合运用各个学科的知识和技能。通过项目驱动，学生不仅能够加深对各学科知识的理解，还能够培养学科间的综合思维能力，提高学生的综合素质。

3. 鼓励学生的创新意识和创业精神

项目驱动通常是解决实际问题或实现某种目标的过程，这就要求学生具备创新意识和创业精神。在项目驱动中，学生可能要面对各种挑战和困难，需要找到创新的思路和解决问题的方法。通过项目驱动，学生可以培养创新思维和创业精神，为将来的创新创业打下坚实的基础。

4. 培养学生的团队合作能力

项目驱动往往需要学生组成团队，共同完成项目的目标。在团队合作中，学生需要学会有效的沟通和协作，发挥个人优势，同时充分发挥团队协作的力量。通过项目驱动，学生可以培养团队意识和团队合作能力，为未来的工作和生活中的团队合作打下基础。

（二）项目驱动在大学生的创新创业能力培养中的局限性

项目驱动虽然在大学生的创新创业能力培养中具有许多优势，但也存在一些局限性。首先，项目驱动的实施需要充足的资源支持，包括教师和学生的时间、精力和经费等方面的投入。在大学生创新创业实践中，资源充足方面往往面临挑战，特别是在一些资源匮乏的学校或地区。

其次，项目驱动的实施需要具备一定的专业知识和技能。对于教师而言，他们需要具备丰富的实践经验和实际项目的操作能力，以便能够指导学生进行项目实施。对于学生而言，他们需要具备跨学科的知识背景，以便能够在实践中综合分析和解决问题。然而，在大学生的学习过程中，他们尚未获得足够的专业知识和技能，这可能会

成为项目驱动实施的障碍。

再次，项目驱动的实施需要一定的时间周期，这不仅仅是指项目的持续时间，还包括前期的项目策划、中期的项目实施和后期的成果总结等阶段。然而，大学生的学习时间通常是有限的，他们还需要兼顾其他课程的学习和考试准备等任务。因此，时间的紧迫性可能成为项目驱动实施的限制因素。

最后，项目驱动还存在一些评价和认可的问题。目前，在大学生创新创业实践中，学校和社会对于项目驱动的认可程度不一，一些学校和企事业单位对于项目驱动的价值和意义有一定的误解或质疑。这可能导致学生在项目实施过程中遇到一些困难和阻碍，甚至无法得到充分的支持和认可。

三、项目驱动在大学生创新创业实践中的应用

（一）大学生创新创业实践的项目驱动实例分析

在大学生创新创业实践中，项目驱动起着至关重要的作用。项目驱动模式不仅帮助学生将理论知识应用于实际项目中，还能促使学生培养项目管理能力、团队合作精神和创新思维能力。下面将介绍几个大学生创新创业实践中的项目驱动实例。

第一个案例是在某大学的创新实践课程中，一个学生小组进行一个创业项目的开发。他们选择了开发一款智能家居控制系统。在项目启动阶段，团队成员首先商讨项目的目标和范围，并进行项目分工。接下来，他们进行了市场调研，了解用户需求和竞争对手的情况。随后，团队开始进行项目开发，包括系统设计、软件编码、硬件制造等工作。在整个过程中，团队成员紧密合作，不断迭代和改进项目。最终，他们成功地完成了智能家居控制系统的开发，并展示给评审委员会。

另一个案例是某大学创业实践俱乐部的项目驱动实践。俱乐部成员在社团成立初期就确定了一个创业项目，即开发一款面向学生的在线教育平台。在项目推进过程中，成员们遇到了多种问题和挑战。然而，通过团队的不断努力和学习，他们逐渐解决了技术、市场和资金等方面的问题。他们与教师合作，制定了教育内容，与技术团队合作开发了在线平台，并通过市场推广吸引了大量用户。这个项目成了该俱乐部的成功案例，并为其他学生提供了创业灵感和经验。

最后一个例子是某大学的科研项目驱动实践。在这个项目中，学生团队被要求研究一种新型太阳能电池。他们通过文献调研和实验室实践，探索了不同材料和制备工艺对太阳能电池性能的影响。团队成员们针对每个实验结果进行分析和总结，并根据实验数据进行不断优化。最终，他们成功地制备了性能优良的太阳能电池样品，并发表了相关论文。

可以看出，这些项目驱动实例都有一个共同点，即通过实际项目的开展来培养学

生的创新创业能力。这种模式不仅能够激发学生的创造力和团队合作精神，还能帮助他们掌握项目管理技巧，提升解决实际问题的能力。项目驱动实践的有效性在这些例子中得到了充分证明，为大学生创新创业实践提供了有力的支持和指导。

（二）项目驱动实践模式的效果评估

在大学生创新创业实践中，项目驱动的实践模式是一种重要的方法论。该模式强调通过项目的实施来推动学生的创新创业能力的培养，并且帮助学生将理论知识与实践相结合，提升他们在实际项目中的解决问题的能力。要对项目驱动实践模式的效果进行评估，我们需要从多个角度进行考察。

首先，我们可以从学生的创新能力和创业意识的提升来评估项目驱动实践模式的效果。通过参与实际的项目活动，学生们能够面对真实的问题和挑战，从而培养了创新思维和解决问题的能力。通过这种实践，学生们能够更好地理解创新创业的过程，并且掌握相应的方法和技巧。因此，当我们评估项目驱动模式时，可以通过考查学生的创新能力和创业意识的提升情况来进行评估。

其次，我们可以从项目的实际成果和影响力来评估项目驱动实践模式的效果。在项目驱动的实践过程中，学生们需要将理论知识应用到实际项目中，从而产生具体的成果。这些成果可以是新产品的开发、创业企业的成立或者其他形式的创新成果。通过评估这些具体的项目成果，我们可以判断项目驱动实践模式的效果。

再次，我们还可以通过学生参与项目的积极度和投入程度来评估项目驱动实践模式的效果。项目驱动模式要求学生在实际项目中扮演重要的角色，需要他们自主学习、团队合作以及解决实际问题。通过评估学生在项目中的积极度和投入程度，我们可以了解到项目驱动模式对学生的激发和激励作用，以及他们在项目中的主动性和创造力。

最后，我们可以通过学生对项目驱动模式的反馈和评价来评估其效果。学生是项目驱动实践模式的参与者，他们的意见和反馈对于评估模式的效果十分真实。通过开展问卷调查、小组讨论或个别面谈等形式，收集学生对项目驱动模式的看法和感受，可以帮助我们更加全面和客观地评估该模式的效果。

第三节　基于多元化合作模式的大学生创新创业实践

一、多元化合作模式概述

（一）多元化合作模式的理论来源

多元化合作模式是一种广泛应用于不同领域的合作方式，其理论来源可以追溯到多个学科和相关理论的研究成果。其中，第一个重要的理论来源是组织学领域的资源依赖理论。资源依赖理论认为，组织为了扩大资源获取渠道和降低风险，往往选择与其他组织进行合作。在多元化合作模式中，合作方共享资源、技术和市场渠道，以实现共赢的目标。

此外，交易成本经济学是多元化合作模式的理论基础。交易成本经济学认为，合作是为了解决信息不对称和合作关系中可能出现的各种交易成本。多元化合作可以通过建立稳定的合作关系和共同承担风险来降低这些成本，从而提高合作效率。

进一步的理论支持来自合作理论，其重点在于利益共享和价值创造。合作理论认为，合作是通过资源共享和合作方的互补性来实现共同利益的最佳方式。多元化合作模式中的各方通过共享资源、技术和经验，整合各自的优势，从而实现创新创业实践中的更大价值。

最后，开放创新理论也为多元化合作模式提供了理论支持。开放创新理论认为，创新往往不仅来自于企业内部的研发和创造，更来自于企业和外部合作伙伴之间的密切合作。在多元化合作模式中，不同的合作方可以通过知识共享和跨界合作，实现创新资源的开放和共享，从而促进创新创业实践的发展。

（二）多元化合作模式的定义

多元化合作模式作为一种新型的组织合作形式，在不断演变和发展的过程中得到了广泛的关注和应用。多元化合作模式的定义可以从不同角度进行解读，既可以从宏观的组织层面理解，也可以从微观的个体层面予以阐述。在宏观层面，多元化合作模式可以被视作一种组织间或者个体间的合作形式，其核心特点是参与者之间具有不同的背景、资源和利益，通过互相协作与合作实现共同目标。在微观层面，多元化合作模式可以被理解为个体在合作中展示多样化的才能、技能和知识，充分发挥各自优势的合作方式。

二、多元化合作模式的类型

（一）基于资源的多元化合作模式

基于资源的多元化合作模式是指在实施多元化合作策略时，合作伙伴之间通过共享和整合各自的资源，实现合作共赢的模式。这种合作模式主要包括资源共享、资源整合和资源互补三个方面。

1. 资源共享

合作伙伴之间可以通过互相分享各自的资源，提高资源利用效率，降低成本。例如，企业与高校合作进行技术研发项目时，企业可以共享高校的研究设备和实验室资源，高校可以共享企业的市场渠道和客户资源，从而实现资源优势的互补和共同发展。

2. 资源整合

合作伙伴通过整合各自的资源，形成全新的合作平台，达到资源互补和协同创新的目的。例如，多个企业可以在同一产业链上建立合作联盟，整合各自的生产、销售和研发资源，共同开发新产品、拓展新市场，实现企业之间的协同效应和共同发展。

3. 资源互补

不同合作伙伴拥有不同的资源优势和专业能力，通过合作可以实现互补，形成资源优势的整体效应。例如，企业与高校合作进行创新创业项目时，企业可以提供市场需求和商业运作的专业经验，高校可以提供科研技术和人才培养的专业能力，双方可以互相补充资源，实现创新创业的共同目标。

（二）基于能力的多元化合作模式

基于能力的多元化合作模式是一种以合作伙伴的能力为核心的合作方式。在这种模式下，合作伙伴的核心能力和专业知识得以发挥，从而实现合作的互利共赢。

基于能力的多元化合作模式能够充分利用各方的专业优势。合作伙伴各自具备特定的能力和专业，通过合作整合资源，将各自的专业领域发挥到极致。例如，高校与企业的合作中，高校拥有丰富的教学和研究资源，而企业则具备市场和实践经验，双方通过合作能够实现教学和实践的深度融合，为学生提供更加全面的培养。

基于能力的多元化合作模式能够激发合作伙伴的创新潜力。合作伙伴通过共同合作的过程中，能够互相借鉴、切磋，从而激发出创新的火花。不同背景的合作伙伴能够带来不同的思维方式和观点，促进思维碰撞，进一步推动创新和改进。这种合作模式在大学生创新创业实践中尤为重要，能够培养学生的创新意识和能力，为他们提供更加广阔的实践平台。

基于能力的多元化合作模式能够实现资源共享和风险分担。合作伙伴通过共享各自的能力和资源，能够取得共同的利益，并将风险进行合理的分担。这不仅能够提高合作伙伴的绩效和竞争力，也能够减少合作中可能出现的风险和压力。

（三）基于市场的多元化合作模式

在基于市场的多元化合作模式下有合作意向的两方或几方通过了解市场需求、分析竞争环境以及评估资源和能力的匹配度，来决定是否进行合作。基于市场的多元化合作模式的主要目的在于利用各方的资源和优势，实现共同的市场目标，提升竞争力。

在基于市场的多元化合作模式中，合作伙伴之间可以通过共同开发市场，共享市场渠道和销售网络，来扩大市场份额和提高市场竞争力。例如，一家大型企业可以与多家小型企业合作，通过共享销售渠道和市场资源，将产品推广到更广泛的市场，从而实现销售额的增长和市场份额的提升。

此外，基于市场的多元化合作模式还可以利用市场机会，进行市场定位和市场扩展。合作伙伴之间可以通过合作开发新产品、拓展新市场，或者共同开展市场推广活动，以满足市场需求和抓住市场机会。例如，多家企业可以合作开发新技术产品，共同拓展国际市场，并通过组建跨国联盟来实现共同的市场目标。

基于市场的多元化合作模式还可以通过合作资源整合和共享来实现资源优化配置。各方可以通过合作共享生产设备、技术专利或者人才资源，减少资源浪费，减小成本压力，提高资源利用效率和创新能力。例如，一家高科技企业可以与一家大型制造企业合作，共同开发新产品并共享生产设备，从而降低生产成本并加快产品推向市场的速度。

三、多元化合作模式的特点

（一）灵活性

在多元化合作模式中，各方合作伙伴的参与和互动是基于灵活性的原则。这种灵活性体现在多个方面。

多元化合作模式的灵活性表现在合作伙伴的选择上。根据具体的合作目标和需求，多元化合作模式为合作伙伴的选择提供了更加灵活的空间。合作伙伴可以是不同类型的组织，如企业、政府机构、研究机构等。这种灵活性使得多元化合作模式具有更大的适应性，能够更好地满足不同合作需求。

多元化合作模式的灵活性还表现在合作方式上。其模式的合作方式可以根据具体情况选择适合的方式，如共同研究、项目合作、资源共享等。在多元化合作模式下，各方合作伙伴可以根据自身的实际情况和资源优势选择合作方式，灵活地进行合作。这种灵活性不仅提高了合作效率，也增强了各方的参与积极性。

多元化合作模式的灵活性还表现在合作内容和合作期限上。合作内容可以根据合作伙伴之间的需求和利益进行调整和变化。合作期限可以根据具体项目的要求进行灵活安排。这种灵活性使得多元化合作模式具有更强的适应性和持续性，能够更好地适应不断变化的环境和需求。

（二）多样性

在多元化合作模式下，合作的参与主体以及形式都可以是多样化的。首先，多元化合作模式涉及到不同类型的合作伙伴。这些合作伙伴可以是来自不同领域的企业、大学、科研机构等。例如，一家大学可以与企业进行产学研合作，以促进科技成果的转化与应用。而在创新创业实践中，大学生可以与同学、导师、行业专家等形成团队，共同推动项目的发展。

其次，多元化合作模式还涉及到不同形式的合作。在大学生创新创业实践中，合作的形式可以包括联合研究、共同创业、跨学科合作等。例如，在创新创业项目中，学生可以与不同专业的同学进行跨学科合作，充分发挥各自的优势，实现创新的融合与多样性。

多样性的特点使得多元化合作模式在推动大学生创新创业实践中具有灵活性和适应性。不同的合作主体和形式相互交融，创造出更丰富多样的合作模式和创新创业实践方式。整合各方优势，促进合作伙伴之间的互补与协同，将有助于提升大学生的创新意识和创业能力。

（三）创新性

多元化合作模式为大学生创新创业实践提供了广阔的创新平台，激发了学生们不断追求创新的激情和潜力。多元化合作模式下的创新性主要体现在以下几个方面。

1. 多元化合作模式鼓励创新思维

在传统的教育模式中，学生教育的形式往往是单一的，容易形成僵化的思维模式。而多元化合作模式则提倡开放、包容的学习环境，激发学生的创新思维。大学生在参与多元化合作项目时，面对多样化的问题和挑战，需要借助创新思维来寻找新的解决方案和创意。

2. 多元化合作模式鼓励合作创新

在多元化合作模式下，学生不再孤立地进行创新实践，而是与其他合作伙伴一起进行创新探索。合作创新不仅能够充分发挥各方的专长和优势，还能够在不同领域之间进行知识交流和技术转移。这种跨领域的合作创新有助于打破学科壁垒，促进全面创新的发展。通过合作创新，大学生能够结合自身专业知识和团队合作能力，共同实现更有创意和附加值的创新成果。

3. 多元化合作模式鼓励跨界创新

传统教育模式往往将学科划分为独立的领域，限制了学生的创新思维和发展空间。而多元化合作模式则提倡跨界融合，以打破学科束缚，激发不同领域之间的创新思想和创新合作。大学生在多元化合作模式下，可以和来自不同专业背景的合作伙伴一起工作，借鉴其他学科的观点和方法，从而形成更为综合和创新的解决方案。

4. 多元化合作模式鼓励实践创新

多元化合作模式注重培养学生的实践能力，强调从实践中获取经验与知识。大学生通过参与多元化合作项目，能够在实践中不断尝试、调整和改进，从而促进创新能力的培养。与传统的教育模式相比，多元化合作模式更强调实践与理论的结合，更能培养学生的实际操作能力和创新实践能力。

（四）互补性

在多元化合作模式下，各合作主体之间具有互补的优势和资源，能够相互补充、相互支持，实现优势互补，从而形成合作的强大力量。多元化合作模式的互补性主要体现在以下几个方面。

多元化合作模式中的各合作主体往往拥有不同的专业背景和技能特长。例如，大学生创新创业实践中的多元化合作模式往往涉及不同学科的学生、教师、企业界代表等，他们在各自领域具有专业知识和技能。通过互相合作，不同专业的人员可以互相借鉴、互相学习，共同解决问题，推动创新创业实践的发展。

不同合作主体在资源方面具有互补优势。多元化合作模式下的合作主体可能来自不同的组织机构，他们所拥有的资源也各不相同。例如，大学具有丰富的人才资源和科研资源，而企业则拥有丰富的资金和市场资源。通过合作，可以实现资源的互补共享，进一步提高创新创业项目的成功率和效益。

不同合作主体具有不同的创新思维和创新能力。在多元化合作模式下，每个合作主体都可能提供不同的创新思路和创新能力，这有助于丰富创新创业实践的思路和方法。例如，大学生在接触到企业的实际情况和市场需求后，可以为创新项目提供新的创意和解决方案，而企业代表则可以提供实践经验和商业模式的优化建议。

四、多元化合作模式下的大学生创新创业实践

（一）多元化合作模式对大学生创新创业的影响

多元化合作模式作为一种新型的组织合作方式，对大学生创新创业实践有着重要的影响。

第一，多元化合作模式为大学生提供了更广泛的资源与平台，为他们的创新创业活动提供了更多的支持。通过与不同领域、不同行业的合作伙伴进行协作，大学生可以借助他们的专业知识、技术能力和经验，实现资源共享与互助，从而提升创新创业的成功率。这种合作模式可以为大学生提供更多的机会与平台，使他们接触到更广泛的市场、企业和社会资源，促进他们的创新创业能力的全面发展。

第二，多元化合作模式对大学生的创新思维和创业意识的培养起到了积极的促进作用。与不同领域的合作伙伴合作，可以让大学生了解到不同行业的创新和发展动态，开阔他们的思维视野，激发他们的创新思维。同时，通过与合作伙伴一起共同创业，大学生可以从中学习到创业的经验与智慧，提升他们的创业素质和能力。多元化合作模式的运用可以让大学生充分认识到创新创业是一个团队合作的过程，培养他们的团

队协作能力和创业意识，使他们更加适应未来的创新创业环境。

第三，多元化合作模式还为大学生提供了更广泛的市场拓展和产品推广的机会。通过与合作伙伴的合作，大学生可以将自己的创新成果、创业项目与市场进行有效的对接，通过合作伙伴的渠道和关系，将产品推广到更广泛的市场，提升产品的竞争力和市场份额。在多元化合作模式下，大学生可以通过合作伙伴的资源和渠道优势，更好地满足市场需求，推动创业项目的顺利发展。

第四，多元化合作模式的运用提供了创新创业实践所需的各种资源。合作伙伴的多样性使得大学生可以获得不同领域的专业知识和技能支持，例如技术、市场营销、财务等。通过与企业、创业导师、投资者等多方合作，大学生创新创业团队可以更好地利用这些资源，提高项目的成功概率。

第五，多元化合作模式的运用有助于拓展大学生创新创业的市场网络。合作伙伴的广泛联系和资源共享为大学生提供了更多的商业机会和合作伙伴选择。通过与其他创业团队、企业和社区等建立合作关系，大学生创新创业团队可以扩大自身的市场影响力，推动项目可持续发展。

第六，多元化合作模式的运用还有利于大学生创新创业实践中的学习与成长。与不同背景和经验的合作伙伴合作，不仅能够拓宽视野，增加知识的广度和深度，还能够培养团队合作、沟通、领导等方面的能力。这些能力的培养对于大学生将来的职业发展和创新创业能力的增强具有重要意义。

（二）大学生创新创业实践中采用多元合作模式面临的挑战

在大学生创新创业实践中，多元化合作模式面临着一些挑战。

首先，在多元化合作模式中，合作伙伴选择和匹配是一个关键问题。由于大学生的创新创业项目具有特定的需求和特点，合作伙伴的选择至关重要。然而，在实践中往往存在合作伙伴的背景和能力不匹配的情况，这可能导致合作效果不佳。

其次，多元化合作模式下的协作与沟通是一个挑战。在多元化合作模式中，涉及到不同背景和领域的合作伙伴，他们之间的协作与沟通是实现项目目标的关键。然而，若沟通渠道不畅、信息不对称或合作伙伴之间存在合作障碍，可能导致合作效果受限。

再次，多元化合作模式也面临着资源分配和管理的问题。在大学生创新创业实践中，资源的分配和管理对于项目的成功至关重要。然而，在多元化合作模式下，涉及到的合作伙伴往往拥有不同的资源和优势，如何有效地进行资源整合和合理分配，是一个亟待解决的问题。

最后，多元化合作模式还存在风险防控的挑战。创新创业实践本身具有不确定性和风险性，而多元化合作模式更加复杂，涉及到多个合作伙伴的利益和风险。如何在合作过程中进行风险评估和防控措施的制定，对于项目的稳定和可持续发展非常重要。

参考文献

［1］程智勇. 大学生创新创业素质培养与能力提升［M］. 成都：西南交通大学出版社，2021.

［2］熊维娟. 应用型人才培养视阈下的大学生创新创业实践能力培养研究［M］. 延吉：延边大学出版社，2020.

［3］陈建. 大学生创新与创业基础［M］. 北京：北京理工大学出版社，2021.

［4］邓峰. 基于创新思维的大学生创新创业能力培养研究［M］. 北京：北京工业大学出版社，2022.

［5］李明慧. 大学生创新创业理论与技能指导［M］. 成都：四川大学出版社，2021.

［6］赵新，黄新华. 大学生创新创业基础［M］. 北京：北京理工大学出版社，2021.

［7］高勇. 大学生创新创业教育与能力培养实践［M］. 西安：西北工业大学出版社，2020.

［8］吕娜，鲁玲. 大学生创新创业［M］. 北京：中国原子能出版社，2020.

［9］许文刚. 大学生创新创业训练与实践指导［M］. 北京：北京理工大学出版社，2020.

［10］宋建卫，魏金普，杨洪瑞. 大学生创新与创业教育［M］. 北京：北京理工大学出版社，2021.

［11］沈丹，杨百忍，孟昕. 大学生创新创业教育［M］. 南京：河海大学出版社，2021.

［12］魏巍. 大学生创新创业教育与能力培养研究［M］. 北京：九州出版社，2021.

［13］李雪萍. 大学生创新创业基础［M］. 成都：电子科技大学出版社，2020.

［14］施永川. 大学生创业基础［M］. 长春：吉林大学出版社，2020.

［15］崔永红. 互联网＋背景下大学生创新创业实践研究［M］. 北京：线装书局，2022.